よい教育とはなにか

倫理・政治・民主主義

Gert J. J. Biesta
ガート・ビースタ

藤井啓之・玉木博章 訳

Good Education
in an Age of Measureme
Ethics, Politics, Democrac

白澤

Good Education in an Age of Measurement:
Ethics, Politics, Democracy
by Gert J. J. Biesta

* * *

Japanese translation rights arranged with Paradigm Publishers
through Japan UNI Agency, Inc., Tokyo.

謝辞

読者の視点からすれば、本は、しばしば完結したもののように見える。しかしながら、作者の視点からすれば、本は常に特定の文脈の中に位置づけられており、特定の出来事や経験に結びつけられている。この本も例外ではない。この本を書いた主な動機は、世界中の広範な教育的な状況やシステムの中で働いている教師たちとの出会いに由来する。私は、少なくとも私と同じくらい教育に情熱的な多くの教師を見つけ、彼らが教育の困難な課題に彼らの生活の大部分を捧げているのを見てきた。彼らはしばしば、とても複雑な状況下で――特に、政策的命令が、彼らが教育的直観に従ったり、彼ら自身の専門職的な判断に基づいて行動したりする機会を厳しく制限するときがそうなのだが――、それ〔教育〕を行なっている。多くの教師は教育の質の尺度の抽象的な意味や成績一覧表においてではなく、彼らが教えている子どもや若者や大人のために教育にできることの具体的な意味において教育の質には関心があるが、私の経験では、教師、そしてまた教育支援や発達に関わる分野で働いている行政官も、教育政策立案者も、時々、教育が何のためのものか、よい教育とは何か、何が教育的に望ましいのかについての見解や信念を明確に述べたり、根拠を示したりすることは困難だと感じている。私は教育に関わっている人々がそのような判断をすることができないとは思わない。私はむしろ、教育分野で働いている人の多くが、教育のねらいや目的についての問いをたてるための語彙を欠いていたり、これに関わって、しばしば、そのような問いを発する現実の機会も欠いている、という結論に至った。この本で示されている考えは、「よい教育とは何か」という問いを発することがなぜより困難になってきているのかを理解する試みだけでない。私は、教育実践において、教育が何のためなのかという問いにより卓越した場所を与えるのに役立ちそうな語りの方法をも提案する。私にとってこのことはすべて、真に教育的である言語の発展と関係している。というのも、最近非常に支配的になってきている学習の言語が、よい教育とはどのようなものでありうるのかという問いを発するのを実際により困難にしていると私が考えているからである。

私は、この本で提示する概念でよい教育に関する議論にきっぱりと決着がつくと自負してはいないが、多くの異なったレベル、異なった文脈で教えることに携わる人々が、私の仕事に応答し、いくらかの洞察や考えが有用であると思ってくれるようすに励まされている。とりわけ、私の新しい学術的ホームであるスターリング大学教育研究所の私の同僚や学生、カナダのウィニペグのセブン・オークス学区で奮闘している人々、スウェーデンのオレブロ大学やメーラルダーレン大学のスタッフや学生、フィンランドのオウル大学のスタッフや学生たちを特に挙げたい。私は教育上の関心となる問題について多くの実りある議論を持てたことを、これら全ての人々に感謝したい。そしてまた献身、エネルギー、創造力において私を鼓舞し続けてきてくれた私のこれまでのそして現在の博士課程院生のことも挙げておきたい。最後になったがディーン・バーケンカンプには、この企画への信頼そして継続的なサポートに関して感謝したい。

凡例

一、本書は、Gert J. J. Biesta, *Good Education in an Age of Measurement: Ethics, Politics, Democracy*, Paradigm Publishers, 2010 の翻訳である。

一、原文のイタリック体は、訳文では傍点を付した。

一、原文の（ ）、［ ］は、訳文でも同じ括弧を用いた。

一、訳者による補注、補足は原則として、〔 〕内に記し本文中に挿入した。

一、原文中の参照文献、引用カ所の注記のうち、邦訳書を参照したカ所については、邦訳書の該当ページを〔 〕内に漢数字で示した。

よい教育とはなにか――倫理・政治・民主主義＊目次

はじめに――教育における目的の問題について

もしインターネット検索のヒット件数が何らかの判断材料になるならば、よい教育についての考え方に事欠くことはない。「よい教育」でグーグル検索にかけると結果は一三六万件あり、対してヤフーでは五八三万件[1]にものぼる。たとえ「『よい教育』ならここでお買い求めになれます」というような見せかけのヒット件数を除外したとしても、なおその件数が示しているのは、よい教育についての問いが、多くの人の関心事であるということである。これはさほど驚くべきことではない。なぜならばよい教育に反対することは非常に難しいからである（それでも「悪い教育」はグーグルで四〇万件、そしてヤフーで八〇万件ヒットするのではあるが）。しかし真の問いはよい教育に賛成すべきなのか反対すべきなのかということではない。真の問いは、実際に何が良質の教育を構成しているのかということ、そしてさらに重要なのは、どうすれば、単に個人的な好みを表明することを超えた方法で、よい教育に関する我々の考えを議論し発展させることができるだろうかということである。本書の目的はそのような議論に貢献することである。

本書を書いた一つの理由は、何がよい教育を構成するのかという問いが教育に関する議論からほとんど消滅してしまったように見える、という見解からである。よい教育に関する問いは困難かつ議論を呼び起こすものであるが、それは、我々が教育的努力を求めることができ、また求めるべき最も中心的で最も重要な問いでもある、と私は考える。教育、それは学校教育の形態であれ、職場での学習の形態であれ、職業訓練の形態であれ、生涯を通しての学習の形態であれ、まさにその本性からして、方向づけと目的を伴ったプロセスである。だから、よい教育についての問い――教育は何のためにあるのかについての問い――は選択的なものではなく、教育の活動や実践プロセスに従事する時に常に問われるのである。

問題なのは、よい教育についての問いが消滅してしまったように見えることだけではない。私は、多くの場合、よい教育についての問いが、別の言説に置き換えられてしまっているとも考えている。そのような言説は、しばしば、教育の質についてであるかのように見える――たとえば、教育の効果性や教育における説明責任についての議論を思い起こそう。しかし、実際には、よい教育そのものについての問いには決して向き合っていない。それらはむしろ、よい教育についての規範的な問いを、プロセスの効率性や効果性についての技術的で管理的な問いに置き換えているのであって、これらのプロセスが何のためにあるのかという問いではない。このことは、単に教育それ自体にとって有害であるにとどまらない。それはまた、何がよい教育を構成するのかについての議論に関わるべき人たち――教師、両親、生徒そして全体としての社会――が議論に加わることをあらかじめ排除している。よい教育についての問いの置き換えは、それゆえに教育への民主的な統制にとって有害なのである。私は、陣地回復のための唯一の道は、よい教育についての問いを公然と明示的に規範的な問い——ねらい、目的、価値についての問い——として提起し、間接的で暗示的な仕方よりもむしろ真正面からこの問いと格闘することである、と考える。

私が本書を著した第二の理由は、よい教育についての問いが、教育についての文献、特に調査や学術文献からも相対的に欠けているという見解からである。再び、もし検索エンジンが興味のレベルをいくらか指し示すことができるのだとすれば、グーグル・スカラー〔グーグル学術検索〕を使ったウェブ検索が、「よい教育」という文言をタイトルに含む文献をわずか一六七件しか見つけられないこと、他方、オーストラリア教育目録、ブリティッシュ教育目録（それぞれ一九七九と一九七五から現在まで検索）、ＥＲＩＣ、アメリカ教育目録（一九六六年から現在まで検索）を合わせても、タイトルに「よい教育」をもつ寄稿は三二件にしかならないことに顕著に現れている。[2] これは、よい教育についての意見が文献のなかに欠けているということを言おうとしているのではない。そのような意見がしばしば、未開拓で暗黙なままになっていると言いたいのである。立場とはしばしば、立場を取るということが何を意味するかについての問いそれ自体が探究される前に、すでに取られているものである。

この本での私の目論見は、議論に単にもう一つの意見を付け加えるというものではない。私のねらいは、むしろ、よい教育についての問いに向き合うことが何を意味するかをより精緻な仕方で探究することである。かくして本書は、よい教育についての問い──目的についての問い、つまり、教育が何のためにあるのかに関する問い──が、実際に、教育の実践、政策、調査のなかで中心的で継続的な関心であるべきだということに同意するすべての人をターゲットにしている。

このような見解から私が本書を著したからといって、今日の教育実践が反省をしていないということを示唆するつもりはない。それとは反対に、この研究のなかで私は、新しい考え方ややり方に熱心に取り組み、調査や研究成果からの最新の洞察を自分たちの教育実践に組み込む誠実な努力をしている多くの教師に出会っている。しかし、教室、学校、政策レベルで多くの変化やイノベーションが起こっている一方で、その焦点は、なぜ──なぜ我々は、実際にこれをしなければならないのか──に置かれるよりも、しばしばどのように──どのようにこれらの新しい考えを教室に導入できるのか──により多く当てられている。協同学習についての例を見てみよう。今日の多くの教室は、数十年前に見られた教室とは根本的に異なっている。かつて教室は一般的に静かで、児童は教師が言うことを聴いて理解することになっていたが、現在の教室はしばしば活動と会話が満載で、教師の役割は知識と知恵の資源という役割よりも、ファシリテーター〔進行役〕の役割になってきた。しかし、このことは、「古い」教室が悪く、「新しい」教室がよりよい、ということを必ずしも意味しない。ある場合には、生徒たちは相互行為、会話、活動から利益を得るかもしれない。たとえば、もし生徒たちのねらいが、同輩の生徒に自分の考えを説明することで、自分の理解度をテストすることであるならば。しかし、別の場合には、協同的な教室は実際に学習を妨げるかもしれない。たとえば、複雑なスキルの習熟――議論や協同よりもむしろ集中や忍耐が要求されるかもしれない何か――であるときのように。生徒の活動の協同的な形式が選ばれるべきかどうかは、全く活動の目的次第である。つまり、教育的に望ましいと考えられる成果に左右されるのである。目指したものを「どのように」達成したいかについて決定しはじめることができるのは、「なぜ」という問いについて何かを言うことができるときのみである。

これによって、私は平均的な教師に能力が欠けているとか、さらに悪いことには、教育のねらいと目的について判断する知性が欠けているなどと示唆したいのではない。もし、何か欠けているものがあるとすれば、それは、教育における問いを扱うための「ツール」のレベルで、すなわちそれは、我々が教育についての問いをはっきりと口にできる言語と語彙、そして十分精緻な方法でそうすることができる言語と語彙である。これは、もちろん、言語の問題だけであると言いたいのではない。時間――すなわち、我々が行なっていることを実際になぜ我々は行なっているのかを問うために、日常の実践の流れから一歩身を退くために利用できる時間――の問題もある。そして、最も決定的なものとして、教育に対する関心を共有するすべての人々――教師、生徒、保護者、全体としての社会――が実際に教育の諸目的についての熟議や判断に従事することを許されるような立場にあるかどうかに関する問題が存在する。だから、私は、この本のなかで、より精緻な方法で我々が教育における目的についての問いを扱うのに役立つような語り方の発展に寄与したいだけではないのだ。まさに同時に私が示したいのは、どのように、そしてなぜ、自由に、そして民主主義的にこれらの問題に取り組むことがより困難になってきたのかである。本書での私のねらいは、したがって分析的かつ計画的なものである。

この本は、次のような流れで構成されている。第1章「教育は何のためにあるのか?」では、世界中の多くの国の教育政策と教育実践において測定の文化が顕著に広まっているという状況に抗して、よい教育についての問いを設定する。教育の「成果」の測定は、教育における目的の問いに答えることにけっして置き換えられない。時々、これが測定に関与している人たちが行なっていることや求めていることであるかにように思われているのではあるが。私は、よい教育とは何かという問いの周縁化を、私が教育の「学習化」(learnification)と呼んでいる現象に関連づける。私は「教育の学習化」という言葉で、教育の言語を、学習の用語のみで教育について語るような言語に置き換える傾向を念頭に置いている。学習が明らかに、教育の中心的な関心の一つである一方で、学習の言語は、目的についての問いに——内容と関係についての問いにも——取り組むことをことさら困難にする。そして、このような状況に抗って私は、教育における目標についての問いを扱うための単純な枠組みを導入する。その枠組みは、教育過程と教育実践が、一般的に三つの異なった領域で作用するという見解に基づいており、そしてその枠組みは三つの異なった種類の目的に役立つだろう。私は、これらを資格化、社会化、主体化と呼んでいる。私は、全てではないにしても事実上多くの教育実践がこれらの三つの領域に影響を持っているということを提案するだけではない。私は、教育が何のためにあるべきかについての議論に取り組むとき、これらの三つの次元に関連して取り組むべきである、ということも主張する。教育的努力を、これらの次元の一つだけに焦点化することは、いくつかの状況においては可能ではあるとしても、現実においては常に、教育の三つの目的の特別な「混合」があるだろう。そのことが意味するのは、現実の問いは資格化、社会化、あるいは主体化から選ぶべきかどうかではなく、どのような特別な組み合わせを好ましく正当化可能なものと見るのかということである。私が導入する区別が教育における目的についての問いに向き合うのに際して、どれほど有益なのかを示すために、私は二つの短い例――シティズンシップ教育の分野における例と数学教育の分野における例――を挙げる。

続く第2章では、目的の問いについての置き換えに――私の見解では――実際に貢献してきた教育における最近の展開についての分析結果を提供する。第2章「エビデンスに基づいた教育――科学と民主主義のはざま」で、私は、教育をエビデンス〔科学的根拠・確率的根拠〕に基づいた職業、つまり「何がうまくいくか」についての科学的な知に基づいた職業に転換する最近の要求に焦点を当てる。「何がうまくいくか」に関する問い――それは実際、教師が継続的に扱わなければならない問いである――が教育実践においてとても重要であるにもかかわらず、私は、エビデンスに基づいた教育の擁護者が研究と実践の間の理想的な連結を思い描く方法が教育的に問題含みであり、実践的にうまくいかず、究極的には反民主主義的であることを示す。私は、議論の照準を、論争中の三つの前提に合わせる。それらは、教育実践についての諸見解、知識と行動の間の関係についての諸見解、研究と実践の間の関係についての諸見解である。三つのケースすべてにおいて、教育におけるエビデンスの役割についての広く行き渡っている考えについて何が問題であると私が考えているのかを示すだけでなく、研究と政策と教育実践の間の関係のオルタナティブな理解の仕方をも提供する。

第3章「教育——説明責任と応答責任のはざま」で私は、教育政策と教育実践における説明責任の問題に焦点をあてている。説明責任という考え方は、それ自体は何の問題もないし、それは、民主主義の理想と関わって、実際に教育において中心的な役割を果たすべきでもあるが、私は、過去何十年かかけて、説明責任の考え方がいかに専門的で民主主義的な概念から基本的に経営的な概念に変容してきたかを示す。このことは、説明責任の焦点が、教育実践のねらいや目的の問いから教育過程のスムーズさや効果性についての問いに移行する、という状況を招いた。このことが、今度は、説明責任の実践に関与している異なる諸集団に、彼らのアイデンティティや関係性に、それゆえに説明責任に参加する彼らの能力に断固とした仕方で、深い影響を与えてきた。私は、管理的な説明責任の体制が、応答的な行為の機会にいかに打撃を与えてきたかを示し、説明責任の技術・管理的な定義が実際に、応答責任のある行為の機会をいかに侵食してきたかを説明する。

第2章と第3章で、私は、よい教育についての問いを設定しうる文脈を扱う——真に民主主義的な仕方でそのような問いを立てることが、なぜ、どれほど、そしてどのように、より困難になってきているのかを示す——一方で、本書の第二部となる各章では、第1章で導入した枠組みに関連して、よい教育についての議論の側面にいっそう明確に焦点を当てる。第4章「中断の教育学」では、私の著書『学びを超えて(*Beyond Learning*)』(Biesta 2006a)のなかでより詳細に探究した問いを取り上げる。その問いとは、社会化と主体化の間で意味ある区別を行なうことが未だに可能かどうかである。この章では、これらを区別する可能性がなぜ問題になってきたのかを明確にしようとするだけではない。それだけではなく、これらを区別できることがなぜ重要であるかを示し、社会化と主体化の間の区別に関連して提起される課題のいくつかに応答することをねらいとする教育——「世界への参入」や「独自性」という考えに焦点が当てられ、「中断の教育学」という考えに要約される——について語る方法を提供する。

第5章「デューイ以降の民主主義と教育」では、よい教育についての議論をより明示的に民主主義の問いと関連づける。この章で私が向き合う問いは、いかにして、教育において民主主義の原理を遂行することと、教育の要求に応えることの両者を可能にするかである。この章の最初の部分で私の議論の中心にあるのは、民主主義とは単なる多数決原理の考えに基づいた好みの集約のことではなく、そのような好みの個人的欲望から集団的な必要、そして共通善の概念への翻訳(そして変換)だという考えである。そのような翻訳のプロセスに従事することは、市民にふさわしい学習にとって重要な機会を提供する。この章の第二の部分で、私は、教育の三つの次元をどのように民主主義の問いに結びつけることができるかを論じる。教育内容がどのように民主化されうるかという問いに焦点を当てる——それは基本的に民主主義を資格化の問題に関連づける——よりもむしろ、民主主義的な機会は何よりもまず、教育の主体化の次元に存在し、我々が教育の他の次元に、より民主主義的に関わることができるのは、これを通してのみである、と私は主張する。

第6章「教育、民主主義、そして包摂の問題」で私は、なぜ、民主主義的な社会のなかでの教育の役割を社会化の点だけから考えるべきではないのかという議論を展開する。教育にとっての重要な仕事は、我々が民主主義的な「秩序」の再生産と見なしているだろうもののなかにあるが、重要な問いは、実際に、特別な社会的かつ／または政治的秩序として民主主義を理解すべきかどうか、ということだ。既存の民主主義的秩序をより包摂的にするための試みに反して、私は民主主義と民主主義化について考えるための別の筋道を紹介する。その筋道のなかでは、民主主義は散発的なものとして見られ、民主主義化とは平等の名による既存の民主主義的秩序の中断に関するものになる。このような仕方で民主主義と民主主義化を考えると、単に既存の民主主義的秩序の再生産の点で見るよりも、民主主義的社会における教育のための異なった機会が見えるようになる。

「おわりに」で私は、この本のなかの各章の流れをまとめ、本書で到達したと思うことを示し、さらに注意と議論を要する問いを浮き彫りにする。私が提示するのは、我々の教育的な努力のなかでよい教育とは何かという問いが再び中心的な問いになるように、それらの議論が、さらなる本やさらなる出版物を単に要請しているだけではなく、それらの議論は、何よりも、教育者たち——教育制度のあらゆるレベル——が、目的についての問いに取り組むために何が必要なのかのヒントを与えることである。

〈注〉

（1）二〇〇九年七月一二日、www.google.com と www.yahoo.com で“good education”の検索を実施。

（2）二〇〇九年七月一二日に検索を実施。

第１章

教育は何のためにあるのか？

過去二〇年間、教育の測定への関心、教育的な測定文化の専門言語への関心、また教育的な「成果」の測定への関心に、顕著な高まりが見られてきた。おそらくこのことの最もきわだった現れは、国際数学・理科教育動向調査（ＴＩＭＳＳ）、国際読書力調査（ＰＩＲＬＳ）やＯＥＣＤの生徒の学習到達度調査（ＰＩＳＡ）などのような国際比較調査に見ることができる。これらの研究は、結果として、誰がベターで誰がベストなのかを示すことが前提とされる成績一覧表に行き着くのだが、それは、国家の教育システムが他国のそれと比較してどう機能しているかについての情報を提供することを意図しており、したがって、見るからに競争的である。調査結果は、中央政府によって教育政策を周知させるために利用される。それは、しばしば「水準を上げる」というスローガンのもとで行なわれる。成績一覧表は、全国レベルでは、個々の学校や学区の相対的な成績に関する情報を提供するねらいをもって作成される。そのような成績一覧表には、説明責任と選択の諸要素を、皆が同じ質の教育にアクセスすべきであるという社会的な公正の議論と結びつける、という複雑な理論的根拠がある。そのような成績一覧表を生み出すために使用されるデータは、いわゆる困難校（failing school）や、いくつかのケースでは、学校のなかの不適格教員を特定するためにも用いられる（Tomlinson 1997, Nicolaidou and Ainscow 2005, Hess 2006, Granger 2008 を参照）。

教育成果の測定への関心は、成績一覧表をつくることに限定されてきたわけではない。測定結果とその教育的な「インプット」の相関関係は、教育実践が基づくべきエビデンスを提供することをねらった研究においても中心的である。教育はエビデンスに基づいた職業に変えなければならないという考えを支持する人たちは、教育が「医療、農業、運輸、技術といった領域での、二〇世紀を通して我々の経済と社会の成功した側面を特徴づけてきた、長い年月の間の進歩的で体系的な改善の性質」を証明し得るようになるのは、大規模な実験的研究の遂行と教育的なインプットと成果の相関関係の注意深い測定を通してのみである、としばしば議論する（Slavin 2002, p.16）。合衆国において初等・中等教育法の二〇〇一年改正（落ちこぼれゼロ法）で、連邦調査資金は、「何がうまくいくか」についての科学的知識を生み出すためのこの特定の方法論を用いた調査にしか利用できないという状況を生んだ。

これらの展開の多くの重要な先駆者は、学校の効果性に関する研究のなかに見いだされる。それは一九八〇年代初頭からはじまる教育の改革と改善についての議論において、影響ある役割を演じた（Townsend 2001, Luyten ほか 2005 を参照）。その研究は、最初のうちは学校レベルでの変数に焦点を当てていたが、その後の研究は、学校教育をより効果的にするのに重要な変数を特定するために、教授—学習の力学にますます注意を払うようになった。それにともなって、成果とアウトプットというより狭い考えの方にシフトした（たとえば Rutter and Maugham 2002, Gray 2004 を参照）。近年、全体としての動向では、単なる効果性に関する問題よりも、効果をめぐる学校改善のより広い問いに関心がもたれるようになってきた（たとえば Townsend 2007 を参照）。それでも、学校の効果性と改善の動向が、教育的成果は測定されうるしされるべきだという考えのなかで、重要な役割を担ってきたことにかわりはない。

測定しているものに価値があるのか、それとも価値があるものを測定しているのか？

教育における測定文化の高まりは、国家レベル、超国家レベルでの教育政策という最高レベルから特定の学校や教師の実践に至るまで、教育実践に重大な影響を与えてきた。この影響は、事実かもしれないという単なる仮説や意見に基づいて議論するよりも、実証的なデータにもとづいて議論することが可能になった限りで、ある程度までは有益であった。しかしながら問題は、教育の成果についての情報の豊富さが、教育政策の方向性と教育実践のあり方の決定は事実に基づく情報だけで可能である、という印象を与えてきたことである。国際的な比較、成績一覧表、説明責任、エビデンスに基づいた教育の結果として、教育についての議論のなかでますますこのことが生じていると思われるのだが、この考え方には二つの問題が存在する。

第一の問題は、何がなされるべきかについて決定するときに事実に基づく情報を用いることが常に勧められる一方で、何がなされるべきかは、論理的には決して事実からは引き出されえない。この問題は、哲学的文献では、「存在―当為問題」として知られており、スコットランドの哲学者デビッド・ヒュームが彼の『人間本性論』（一七三九‐一七四〇）のなかで最初に確認したものであるが、それは、我々が教育の方向性についての決定に関与するときに、常にそして必ず価値判断――何が教育的に望ましいか――を下さねばならないことを含意している。このことは、もし我々が教育の方向性について何か言いたいのであれば、常に、事実に基づく情報を、何が望ましいと考えられるのかという見解で補完する必要があることを含意している。換言すれば、我々は、データや証拠の評価を必要としており、このために、教育的評価の領域で長らく知られてきたように、我々は、価値に関与する必要がある（House and Howe 1999, Henry 2002, Schwandt and Dahler-Larsen 2006 を参照）。

第二の問題は、最初の問題に関連しており、ある意味、その方法論的な当然の結果であるが、我々の測定の妥当性の問題である。我々の測定の単なる技術的妥当性の問い――つまり、我々が測ることを意図しているものを測っているのかどうかという問題――以上に、問題は、測定の規範的妥当性と呼ぶよう私が提案しているもののなかにある。このことは、我々が価値あるものとしているものを実際に測定しているのかどうか、あるいは、我々が容易に測定できるものを測定しており、したがって我々が測定する（できる）ものを価値あるものとしてしまっているに過ぎないのかどうか、という問いと関わっている。教育における行為遂行性（performativity）の文化——手段が目的それ自体になり、そのため、質の達成目標と尺度が質それ自体と取り違えられる文化——の高まりは、規範的妥当性が技術的妥当性によって置き換えられている測定へのアプローチの主な誘因の一つとなってきた（Ball 2003, Usher 2006 を参照）。

　教育の方向性について我々が決定するさいに明示的に価値に取り組むことが必要であるということは、容易に見過ごされる。すでに使われている諸概念が価値を表しているように見えるケースでは特にそうである。このことの一例が、教育の効果性についての議論のなかに見いだされる。効果的でない教育に賛成論を唱えることは極めて困難であるという事実もあるし——それは「効果性」という考えのレトリック的威力を示している——、実際に効果性は一つの価値である。おそらくこのことが示唆するのは、効果的な学校教育に賛成したり教師の効果性に賛成したりすることは、我々がすべきだと提案していること、すなわち、何が教育的に望ましいのかについて判断することになっている、ということだ。しかしながら問題は、「効果性」とはひとつの道具的価値であるということ、つまり、過程の質についての、そして、より具体的にはある確実な方法で、ある成果を成し遂げる能力についての何かを表わす価値である、ということだ。しかしそのようなプロセスの成果がそれ自体望ましいものであるかどうかは、まったく別の問題であり、道具的価値に基づいてではなく、究極的な価値と呼ばれるようなものに基づいて判断される必要のある問題である。これが効果的な教育に賛成しかねる理由である――そして、時には、たとえば生徒に彼・彼女ら自身の考え方、行ない方、あり方を探究する機会を提供しているという理由で効率的でないとされる教育実践が、あらかじめ決定された目的に効果的に突き進んでいく教育実践よりも望ましいことがありうる、ということさえ議論されうるだろう。したがって我々は、効果的なだけの教育に賛成論を唱える代わりに、「何にとって効果的なのか」を常に問うことが必要である。そして、ある特定の生徒や生徒のグループにとって効果的でありうることが、かならずしも他の個人やグループにとって効果的であるとは限らないとすれば、我々は、常に、「誰にとって効果的なのか」も問う必要があるだろう（Bogotch, Miron and Biesta 2007 を参照）。

したがって、とりわけ測定が際だって重要な位置を占めている状況において、価値や目的という論点を教育に関する我々の議論に取り戻すために、我々は何がよい教育を構成するのかということに関する問いに再び取り組む必要がある。この章では、私は、二段構えでこの問題に寄与するつもりである。次の節では、なぜ我々が教育における価値と目的に関する問いを見失ってしまったかのようになっているのかについていくつかの理由を探究する。私は、少なくともこの説明の一部が、私が教育の「学習化（Learnification）」と呼ぶ現象と関わっていることを提案する。学習化とは、教育的な語彙が学習の言語に変形されることである。それから私は、教育は、資格化、社会化、主体化と私が呼ぶ、三つの異なりつつ重なりを持つ領域で作用するという考えに基づいて、教育における目的の問いと取り組むための枠組みを提案する。私は、いかにこの枠組みが教育における目的を探究するのに役立つかということを、二つのカリキュラム領域、すなわちシティズンシップ教育と数学教育の手短な議論を通して例示する。

教育の「学習化」

「はじめに」で言及したように、何が教育的に望ましいのかという問いにはっきりと取り組んでいる現代の研究は極めて少数しかない。教育過程と教育実践の改善についての多くの議論があるにもかかわらず、そのようなプロセスが何をもたらすことになるか、についての明快な議論は極めて少数である。別の言葉で言えば、何がよい教育を構成するのかに関する問いに明確に注目しているものはほとんどない（例外としては、Fischman, DiBara and Gardner 2006 を参照。よい教育に関する調査では、Siegel 2004 を参照。責任ある評価については Siegel 2004 を参照）。どうしてこのようなことになっているのだろう。

この理由のひとつは、教育の目的に関する問いは解決が極めて困難な——あるいはまったく解決不能な——ものと見られていることだろう。これは、特に教育の目的についての考えがまったく個人的な好みの問題であると見られている場合——すなわち、それについては合理的な議論は不可能であるような主観的な価値と信念に基づいていると見られている場合——にそうである。教育目的についての見解がしばしば「保守主義」か「進歩主義」か、もしくは「伝統的」か「リベラル」かという言葉で二項対立で描かれるとき、このことがその背後に横たわっている。一つの問いは、そのような価値の立場が、実際にまったく主観的であり、ゆえに理性的議論を超えているかどうかということである。しかし仮にそうであるとしても、少なくとも民主的社会においては、（公）教育のねらいや目的についての議論に取り組むことが試みられるべきであるという議論は可能であろう――そのような議論が実際にはどんなに困難であるとしても（Pirrie and Lowden 2004, Allan 2003を参照）。

しかしながら、よりありそうなことは、教育が何のためにあるかについて、特定の「常識（common sense）」的な見方に頼ったために、教育のねらいや目的に対する明確な注意が欠如しているということである（もちろん「常識」として現れたり、生じたりするものは、しばしば、別のグループの利益よりも、ある特定のグループの利益により役立つ、ということを忘れるべきではない）。教育の目標についてのそのような「常識」的な見方の主な例は、次のような考えである。すなわち、教育において最も重要なものは、カリキュラムの少数の部門――とりわけ、言語、科学、数学――における学術的達成であるという考えである。TIMSS、PIRLS、PISAのような研究に信頼性を与えているのは、この考え方である。学術的知識が、実際に、たとえば職業的スキルよりもより価値があるかどうかは、そのような知識が社会において特定の地位への道を開くかどうかに完全に左右される。まさに、教育の社会学的分析が豊富に示してきたように、これが、教育という営みを通した社会的な不平等の再生産の仕方である。したがって、教育が何でありうるか、何になりうるのかについての議論に開かれているよりも、教育を今ある状態に保つことの方が、現状から恩恵を得ている人々には何より都合がよい。状況をよりいっそう複雑にさえしているのは、しばしば、不利な立場にある人々が、より特権的な立場にいる人々が現在浴している恩恵を、最終的には自分もまた手に入れることができるだろうという（しばしば間違った）期待に基づいて、現状を支持する傾向にあることである。そのような期待がしばしば間違いであることは、たとえば、高等教育へますます多くの人が参加しようとする試みに見られるのだが、それは、これによって、多くの人々が高等教育の学位という優位な立場を手に入れることができるという前提に基づいている。この議論で忘れられていることは、高等教育の学位を持っている人の増加は、不可避的にその学位を持っていることの立場的優位性を減じるだろうことである。さらに、しばしば、別の「違い」――「よい」大学の学位と「それほどよくない」大学の学位の間の相違のような――の指標が、現存する不平等を別の仕方で再生産するために取って代わる（これについてはRoss 1991, Rancière 1991 を参照）。

しかしながら、教育的な目的についての問いに対する注意が相対的に欠如している理由は、単に「外的なもの」ではない。私が議論したいのは、それらがまた、教育それ自体の領域のなかでの変質と関係しており、教育について語るときに使われている語彙における変化と密接に結びつけられているということである。他で（Biesta, 2004a, 2006a を参照）より詳細に議論してきたように、過去二〇年間で目の当たりにしたのは、「学習」の概念の顕著な増加と、それに引き続いて起こった「教育」という概念の減少である（このテーマの実証的証拠は Haugsbakk and Nordkvelle 2007 によって提供されてきた）。「学習の新しい言語」と私が言及してきたものの増加は、たとえば、教授を学習のファシリテーションと定義し直したり、教育を学習機会や学習経験の提供と定義し直したりすることのなかに明らかである。すなわち、「生徒」や「児童」の代わりに「学習者」という言葉が頻繁に使用されることに見てとれるし、成人教育を成人学習に変形させたことに明らかであるし、「永続教育」を「生涯学習」に置き換えたことに明らかである。次の欧州の政策文書からの抜粋は、依然として「学習の新しい言語」の完璧な例を提供している。

学習者と学習を教育と職業訓練の方法やプロセスの中心に配置することは決して新しい考え方ではないが、実際問題として、ほとんどの公式の文脈における教育学的な慣行の定着した構想は、学習よりもむしろ教授を特権化してきた……。高度技術知識社会においては、この種の教授―学習は有効性を失っている。学習者は率先的かつより自律的にならなければならないし、彼らの知識を継続的に更新する準備ができていなければならないし、変化する問題と文脈の配置に構成的に反応する準備ができていなければならない。教師の役割は、知識にアクセスし、知識を使用し、最終的には知識を生み出すための学習者自身の努力の役に立つような伴走、ファシリテーション、助言、支援、ガイダンスの一つになることである。（EC委員会、一九九八年九月、Field 2000, p.136より引用）

学習の新しい言語がひとつの特別なプロセスの結果、もしくはあるひとつの基本的な論点の表現ではない、と見ることが重要である。それはむしろ、多様な、部分的には対立さえする諸傾向と諸発展の組み合わせの結果である。これらが含んでいるのは⑴知識の構成や理解における生徒の積極的な役割と、このなかでの教師のよりファシリテーション的な役割を強調する学習の新しい理論の増加、(2)教育過程が教師によってコントロールされうるし、されるべきであるという考えに対するポストモダン的批評、(3)人々の生涯を通したインフォーマルな学習の巨大な増加のなかに実証されるような、いわゆる学習の静かな爆発（Field 2000）、そして(4)福祉国家の衰退や、その後の、個人が自らの（生涯の）学習に責任を負うものとして位置づけられる新自由主義政策の高まり、である（より詳細についてはBiesta 2004a, 2006a, またBiesta 2006bを参照）。

学習の新しい言語の増加は、私が今――故意に不格好な言葉で――教育の「学習化」と呼ぼうとしている、より一般的な傾向の表れと見なすことができる。「学習化」と呼ぶのは、教育についての語りに用いられてきた語彙を「学習」や「学習者」の語彙に変形することである。もちろん、学習や学習者に焦点を置くことが、そのまま問題なわけではない。学習がインプットによって決定されたものではなく生徒の活動に依存している、と見ることは――新しい洞察ではないにせよ――教師が彼らの生徒の学習をサポートしうる最善のこととは何かを我々が再考する一助になる。学習の新しい言語には、解放的な可能性さえ存在する。それは個々人に彼・彼女ら自身の教育的な指針をコントロールする力を与えることができるほどである。しかしながら、学習の新しい言語の増加と結びついた問題も存在する。そして、これに関して、我々は、言語の力を過小評価すべきではない。この章の文脈のなかで、私は学習の新しい言語の二つの問題となる側面を強調したい。第一の問題は、「学習」が基本的に個人主義的な概念であるという事実に関連している。学習とは、人々が個人として――たとえそれが協働学習や協同学習のような考えのなかで表現されていたとしても――行なうことである。このことと際立った対照をなすのは「教育」という概念で、それは常に関係性を含意している。すなわち、ある人は誰か他の人を教育しており、そしてその人は、彼・彼女の活動の目的についてのある意識を持って教育している。第二の問題は、「学習」が基本的にプロセスの言葉だということである。それはプロセスと活動を表しているが、それは――空虚でないにしても――内容と方向性に関しては開かれている。たとえば、教師が生徒の学習を促進すべきだと言うことは――政策的文献のなかではよく知られている文言であるが――、実際きわめてわずかなことしか言っていないか、むしろ何も言っていない。どんな生徒が学習すべきで、何の目的で彼・彼女らがそれを学習すべきなのかの具体性が伴っていない。「学習」という言葉の「空虚な」使用は、教育研究コミュニティのなかでも生じている。たとえば、全米教育学会が「複雑な社会と文化の生態系の中で、そしてそれらを横断して、歴史的な展望から学習について吟味し、学習機会の形成を助ける複雑な生態学的要因を考慮に入れた方法で、公式、非公式の環境における学習改善のための政策的な意味を吟味する」（*Educational Researcher* May 2009, p.301）学会大会の投稿を呼びかけているのがそれである。

そのとき、どうすればわれわれは目的と方向性についての問いを教育的な論点に引き戻すことができるだろうか？

教育は何のためにあるのか

この章での私のねらいは、教育の目的ないし諸目的が何であるべきかを具体化することではない。私は、すでに広範な異なる見解が入手可能であると認めるし、民主的な社会には教育の目的についての現在進行中の議論があるべきだと認めるので――両者は公立・私立の教育に関してそうである――教育のねらいや目的についての議論を枠づけるべき媒介変数の概要を示すという、より謙虚な仕事に照準を合わせてきた。教育のねらいや目的の議論のための枠組みを発展させる一つの方法は、教育システムの果たしている実際の機能から出発することである。私は、教育が一般的に、三つの異なった（しかし関連する）機能を果たしていると提案したい。私はそれを教育の資格化、社会化、主体化の機能として述べるつもりである。

教育の――学校、他の教育施設の――主要な機能は、子どもたち、若者、そして大人の資格化にある。資格化は、彼らに、知識、技能、理解を提供することに見いだされるし、しばしば、彼らが「何かをする」こと――とても具体的なもの（特定の仕事や職業のための訓練、あるいは特定の技能やテクニックの訓練の場合のような）からはるかに一般的なもの（近代文化への導入、あるいは生活技術の教授、等々のような）にまで及ぶ「すること」――を可能にするような性質や判断の形式を提供することにも見いだされる。資格化の機能は、疑いなく、組織された教育の主要な機能の一つであり、そもそも公的資金によって教育を行なう重要な理論的根拠を構成している。これはとりわけ、それだけではないにせよ経済的な議論と結びついている。すなわち、労働力の準備のなかで、そしてそれを通して、教育が経済発展と成長に果たす貢献のなかで、教育が演じる役割と結びついている。資格化の機能は、しかしながら、労働の世界への準備に限定されていない。生徒に知識や技能を提供することは彼らの生活の他の面にとっても重要である。たとえば、シティズンシップに必要な知識や技能として理解される政治的リテラシーや、あるいはより一般的な文化的リテラシーの場合にみられるように。

議論は尽きないが、このあたりで、教育の第二の重要な機能である社会化の話に移ろう。社会化の機能は、教育を通して、我々が特定の社会的、文化的、政治的な「秩序（orders）」の一部になる多くの方法と関係している。しばしば、社会化は教育機関によって積極的に追求される。たとえば、ある規範や価値の伝達に関して、特定の文化的・宗教的伝統の継承に関して、あるいは、職業的社会化の目的で。しかし、もし、社会化が教育プログラムや教育実践の明示的なねらいではないとしても、ヒドゥン〔隠れた〕カリキュラムの研究によって示されてきたように、教育は依然として社会化の機能を持つだろう。その社会化の機能を通して、教育は、個人を既存の行動様式や存在様式にはめ込んでいる。この方法で、教育は、文化と伝統の継承において――望ましい面と望ましからざる面との両面において――重要な役割を演じている。

しかしながら、教育は単に資格化や社会化に貢献するのみでなく、個性化、あるいは、私の好みでは主体化――主体になるプロセス（第4章、第5章も参照）――と呼んでいるものにも影響を与える。

主体化の機能は、おそらく社会化の機能の反意語として、もっともよく理解されるかもしれない。主体化の機能は、まさに「新参者」を既存の秩序にはめ込むこむことを表しているのではなく、そのような秩序からの独立を暗示するあり方や、個人がより包括的な秩序のひとつの単なる「標本」ではないようなあり方のことを表している。すべての教育が実際に主体化に貢献するかどうかには議論の余地がある。ある人は、必ずしもそうとは言えないのであって、教育の実際の影響は、資格化と社会化に限定されうると論じるだろう。別の人は、教育はいつも個人にも影響を与える――そしてこうして教育には、いつも個性化の「効果」がある――と論じるだろう。しかしながら、より重要なのは――ここで私たちは、教育の実際の機能についての問いから教育のねらい、目標、そして目的についての問いに議論を移行させる必要があるのだが――主体化の「質」である。たとえば、特定の教育計画や教育設計の結果として可能となった主体性の性質あるいは諸性質である。これに関連して、教育の名に値するものはどんなものでも常に、教育された人々が思考と行動においてより自律的かつ独立的になることを可能にする主体化のプロセスに貢献すべきである、と論じる人がいるだろうし、また論じられてきた（たとえば、教育の分析哲学のイギリス的伝統において Peters 1976 や Deaden, Hirst and Peters 1972、そして最近の文献では、Winch 2005, そして批判的な伝統においては Mollenhauer 1964, Freire 1970, Giroux 1981 を参照）ということである。

私が本章で主張したい主なポイントは、何がよい教育を構成するのかについての議論に我々が関与するとき、我々はこれが複合問題だということを認めるべきである、ということである。すなわち、この問いに答えるためには、我々は、教育の異なった機能や教育の異なった潜在的目的を認める必要があるということだ。何がよい教育を構成するのかという問いへの一つの答えには、したがって常に、資格化、社会化、そして主体化についての見方が具体的に示されるべきだ――ある人がそれらの一つだけを論じたいといった、ありそうにないケースにおいてさえそうである。何がよい教育を構成するのかという問いが複合的な問いであるということは、三つの教育的次元が全く区別されているものとみなすことができるし、みなされるべきだということを示唆することではない。事態はまったく逆である。我々が資格化に取り組むとき、我々はいつも社会化や主体化にも影響を与えている。我々が社会化に取り組むときも、我々はいつも特定の内容に関連しながら同様のことをしている。つまり、資格化の機能とリンクしているし、主体化への影響を持っている。そして我々が主体化を第一とするような教育に取り組むとき、我々は同じように特定のカリキュラム上の内容と関係して資格化に影響を与えるだろうし、このことが常に社会化の効果も持つだろう。したがって教育の三つの機能はベン図の形式で最もうまく表わすことができる。すなわち三つの部分的に重複する領域としてである。そしてより興味深く、重要なのは、実際には、それ自体として個別的な領域よりも、むしろ諸領域をまたぐ交差についての問いである。

　我々が教育の三つの次元をまさに区別しなければならないのは、教育の理論的根拠という言葉においてである。それは、すなわち何がよい教育を構成しているのかという問いへの我々の答えである。ここで我々の答えがどのように資格化や社会化そして／または主体化と関連しているかについて明確にすることは重要である。ここで最も重要なことは、我々が、異なった次元に気づいていること、そして、それらが異なった理論的根拠を必要としているという事実に気づいていること、そしてまた相乗作用が起こりうる一方で、三つの次元の間の葛藤の潜在可能性もあるという事実に気づいていることである。とりわけ私は、資格化・社会化の次元と、主体化の次元の間でそうである、と提案したい（私は第4章でこのことに立ち返るつもりだ）。

二つの例――シティズンシップ教育と数学教育

私の提案をより具体化するために、先に概要を示した枠組みを用いることが教育のねらいや目的についての議論にとって何を意味するか、ということを手短に示してみよう。私はこれをカリキュラム上の二つの領域――シティズンシップ教育と数学教育――に関して行なうつもりだ。

まず第一のものから始めよう。シティズンシップ教育に関する文献のなかには、シティズンシップ教育の仕事を資格化の仕事に制限する強い傾向がある、つまり子どもや若者に、彼らのシティズンシップには欠かせないと考えられている知識やスキルや性向――それらは文献のなかで「シティズンシップの次元」として知られている（Kerr 2005を参照）――を提供することに制限する傾向がある。この観点においてシティズンシップ教育は、市民の権利と義務や政治システムの作用についての知識という点から理解されるか、あるいは、より進歩的なアプローチにおいて、政治的プロセスや政治的実践の力動を批判的に分析する能力の開発を強調することによってかのいずれかで、政治的リテラシーの獲得に焦点化されていると言えるかもしれない。資格化の点からシティズンシップ教育の理論的根拠を明確に述べる一つの理由は、それを明確な政治的社会化に転化させないための、すなわち、シティズンシップ教育を特定の政治的価値や信念のセットを教えこむことだと考えないための意図に由来している。それにもかかわらず、シティズンシップ教育の多くのプログラムは実際には何が「よい市民」を構成するのかについての明白な見解に基づいている。スコットランドでのシティズンシップ教育へのアプローチがはっきりと述べているのは、例えば、教育は子どもや若者が「責任ある市民」になることを可能にすべきであり、かくして、生徒たちが獲得すべき知識やスキルや性向を明確に述べるだけではなく、どんな種類の市民――そしてこれに関連してどんな種類の人――に彼らがなるべきかも具体的に示すということである（Biesta 2008a を参照）。同様の見解は欧州共同体の全ての住民が「活動的な市民」（Biesta 2009a を参照）になるべきだ、と論じる傾向の強い欧州の政策レベルにおいても見いだされうる。そのようなアプローチは明らかに社会化という次元に向かうシティズンシップ教育の理論的根拠や論点を強要しており、教育を特定のアイデンティティと主体性の「生産者」という位置に置いている。教育――したがってまた教育者への問いは、シティズンシップ教育が資格化に制限されるべきであるか社会化も含むべきか、すなわちシティズンシップ教育がシティズンシップのための可能な条件だけに焦点を合わせるべきか、特定の種類の市民の「産出」において積極的な役割を演じるべきかだけではない。その問いはまた、シティズンシップ教育が、我々が政治的な主体化と呼ぶもの――すなわち、単にあらかじめ定義された鋳型の再生産についてではなく、政治的行為主体をまじめに受けとめるある種のシティズンシップの促進――に貢献することができ、そして貢献すべきかどうかでもある（Westheimer and Kahne 2004を参照）。これは明らかに、シティズンシップ教育についての議論を社会化の教育の議論を乗り越えさせ、まさにそれと同時に、何がよい市民か、もしくはよい市民とはどうあるべきかという特定の、あらかじめ定義された見解への社会化を超えて進んでいくという仕方で、政治的行為主体となることを促進することができる資格化の形式についての重要な問いを投げかけている。この方法でシティズンシップ教育の領域を見ることは、シティズンシップ教育とはどうあるべきか、そして何をねらうべきかに関する問いに対して異なった答えが可能であることを示している。これは、私がすでに述べたように、問題が、資格化か社会化か主体化かを選択することにあるのではなく、むしろこれらの次元の独特な「混合」にあるということである。結局のところ、政治的な知識や理解（資格化）は明白に政治的な行動様式や存在様式（主体化）の発展のための重要な要素になりうるのだ。ちょうど、特定のシティズンシップ・アイデンティティへの社会化に強く焦点化することが、実際には抵抗を呼び起こし、そのこと自体が、政治的主体性や行為主体になる機会を提供するように。

教育の三つの目的という観点からすると、シティズンシップ教育のような科目について考えることはむしろ容易に思われるだろうが、数学教育のような、はるかに「伝統的な」科目――さらに、明らかに知識やスキルの獲得や理解の発達が問題になると思われるような科目――に焦点を当てるとき、このことはより困難に思われる。

しかしながら、数学のような科目を、数学教育のための教育的な理論的根拠を明確に述べることができるように、教育の三つの目的という見方で見ることは可能でありかつ必要でもあると私は考えている。数学教育のなかで資格化に、すなわち、生徒たちが数学において熟達するようになるために生徒たちに数学的な知識とスキル、もっとも重要なことには、洞察と理解を提供することに強い焦点があると見ることは容易である。しかしながら、これには同様に重要な社会化の次元が存在している。結局、カリキュラムのなかに数学を含めたり、テストすることや教育的成功の定義において数学に卓越した場所を与えることは、すでに数学の重要性について特別なメッセージを伝達することであり、したがって数学が重要であるような世界への社会化として機能する。そのような世界への社会化は数学教育の明確なねらいでもありうる——そして教師たちが、数学に従事することは実際に重要なのだということを生徒たちに確信させたいのは当然だ。もし、数学を知識やスキルのかたまりとして見る代わりに、我々が社会的な実践——特定の歴史や特定の社会的「現状」を伴った実践——として数学にアプローチするならば、数学を、知識やスキルのかたまりとしてよりもむしろ「数学化」の社会的実践に従事することだと見なすことによって、我々は社会化に中心的な場所を与えた数学教育の理論的根拠の展開を開始することさえ可能である（そのような理論的根拠として例えばBiesta 2005aや、Valero and Zevenbergen 2004を参照）。しかしながら、これで数学教育のために考えられる理論的根拠をすべて出し尽くしたわけではない。というのも我々は数学教育のような領域が、主体化の領域にどんな種類の機会を提供するか——すなわち、数学の分野や数学化の実践に従事していたり従事するようになったりするためのどんな種類の機会を提供するか——を問うことも可能だからだ。この観点で、我々はまた、例えば、割り算を、物を切り分ける行為としてではなく、公平さや正義についての問いを引き起こすような分配する行為として扱うことによって、数学と数学化についての倫理上の可能性を探求するかもしれない。このことが提起するのは、数学教育——そしておそらくよい数学教育と言うことができる——の理論的根拠は、それゆえまた、教育の三つの次元に従事することを通して発展させられる必要があるものでもあるということだ。

結論

本章では、教育における目的への問いに再びつなげる必要性について肯定的な立場から議論しようとしてきた。我々は教育についての議論が教育的成果の測定によって支配されていると思われる時代に生きており、これらの測定が教育政策においても、そしてそれを通して教育実践においても、重要な役割を演じている、ということを私は示してきた。この状況の危険さは、我々が価値があると見なすものの測定に関わっているというよりもむしろ、我々が測定されたものを価値があるものとみてしまう結果に陥るということである。しかしながら、前者こそ、我々の教育の方向性の決定に究極的に影響すべきである。このことから、私は、たとえば、何が効果的な教育かよりもむしろ、何がよい教育を構成するのかに関する問いと取り組む必要性について議論してきた。私は、教育のねらいと目的についての問いが、なぜ我々の地平から消えてしまったと思われるのかを示そうとしてきた。そしてこのことを、具体的に、学習という言語の増加とより広範な教育の「学習化」に結びつけてきた。本章で取り組まなかったのは、何がよい教育を構成するのかに関する問いに答えることである。そうしなかったのは、私がこれに関する見解の多様性に気づいているからという理由では決してなく、拙速にこの教育のねらいや目的についての問いを閉じるよりも、むしろ議論し続ける重要性を確信しているという理由からである。私の本章での貢献はなによりもまず、よい教育についての問いが複合的な問いであることを強調することができたことである。これが意味するのは、教育のねらいと目的についての我々の議論において、我々が教育の異なった役割や機能に気づくべきであるということである。私は三つの次元――資格化、社会化、そして主体化――の間に区別を設けることが有益だろうと提案してきたし、そして我々がそれらを教育の分離した側面だと見なすべきではなくむしろ、教育とは何であり、教育とは何についてであり得るのかについて相互に重なり合う、より合わされた、ある程度矛盾していて、衝突さえする次元として見なすべきだということを主張してきた。それに対して、一方では、私は三つの次元を、教育過程や教育実践の機能として、すなわち、教育が「効果」を持ちうる領域として提示してきたし、他方で、これらがまた教育が作用することをねらいうる三つの領域でもあることを提示してきた。この意味で、それらはまた教育の三つの潜在的な役割としても見なされうる。三つの次元を区別することがいつも容易であるとは限らないし、これら三つの次元のなかで起こっていることとの間の相互作用を把握することはより困難でさえあるが、教育の目的についての我々の議論の中でこの複合性に気づき、このことに明確に取り組むことは重要であると私は考える。もし我々がそうすることに――もし我々が正面からよい教育という問いに取り組むことに――失敗するならデータや統計そして成績一覧表が我々のための意思決定を下すことになるという現実的なリスクがある。これが我々の教育的努力の中でよい教育についての問いに卓越した場所を与えることが重要だという理由である。このことは、教育的政策立案の最も高いレベルにとっても重要であるのと同様に、学校教育の日常的な実践にとっても重要である。

第2章 エビデンスに基づいた教育
——科学と民主主義のはざま

本書の「はじめに」で、よい教育という問いは教育に関する技術的かつ経営的な問いに置き換えられてきたと私は主張した。つまり、教育のプロセスの効率性と効果性に焦点を置く問いであって、そのプロセスが何を引き起こすのかに焦点を当てた問いではなかった。教育における測定文化の高まりは、この置き換えの一つの現れである。本章で私は、この傾向のもう一つの次元に焦点を当てる。それは、教育についての我々の決定のなかでエビデンス〔根拠〕——より具体的には大規模な無作為コントロール試験を通して生じた科学的エビデンス——が中心的な役割を演じるべきであるという考え方と関連している。ある者は、そのようなエビデンスが我々の教育行為についての決定の唯一の基礎であるべきだと主張するまでに至っている。それは、エビデンスに基づいた教育という見解のなかで表現された一連の考え方である。またある者はそのようなエビデンスが少なくとも我々の教育的な意思決定に影響を与えるべきだと主張してきた。それは、エビデンスに影響を受けた教育という概念で表現されている。本章では私はどの程度そのような考え方が意味を成しているのか、そしてどこで、どのようになぜそれらが問題含みのものになっているのかを、特に教育のねらいや目的に関連させて探求する。

教育におけるエビデンスへの転回

教育がエビデンスに基づいた実践であるべきだとかそうなるべきだという考えや、教えるということはエビデンスに基づいた職業であるべきだとかそうなるべきであるという考えは、最近、世界中のいくつかの国々で目立つようになっている（たとえば、Davies 1999, Atkinson 2000, Oakley 2002, Feuer et al. 2002, Simons 2003, Cutspec 2004, Thomas and Pring 2004を参照）。イギリスにおけるエビデンスに基づいた教育は、部分的には、教育雇用省（Hillage Report 1998）と教育水準局（Ofsted）（Tooley and Varby 1998を参照）によって委任された教育研究についての批判的な報告のすぐあとに推進された。これらの報告は、とりわけ、教育政策を展開するために政府が求めている問いに対して教育研究が答えを提供しなかったと主張することで、教育研究の質と妥当性についての深刻な疑念を表明した。曰く、教育の専門家に彼らの仕事のための明確なガイダンスを提供せず、その仕事は断片的で、非累計的で、方法的に欠陥を持ったものであり、しばしば偏向しており、政治的に動機付けられたものであった、という（Pring 2001, p.1を参照）。

教育研究の質とその妥当性についての問いは政策立案者や教育実践者によって発せられたのみならず、教育研究コミュニティの内部からも生じている。一方では教育研究は、教育研究者に任されるべきではなく、より実際的に適切になりうるように、中央集権的な課題設定――その内容や方法の点の両方で――に服するべきだ、と主張された。他方で教育実践は教育者の意見に任されるべきではなく、彼らの仕事は調査のエビデンスに基づくべきだということが提起された。教育研究と教育実践の双方の二つの変化への要求が、エビデンスに基づいた教育という考えのまさに核心にある（Davies 1999, p.109 と Fox 2003, p.93 を参照）。

イギリスにおいて、教育研究と教育実践の変化への要求は、研究、政策そして実践の間のギャップを埋めることをねらいとした一連の構想につながった。これらのなかには、体系的調査の再考を通して教育研究の諸発見を総合する試みや、研究成果をさまざまな教育の受益者たちがより容易に利用できるようにするための試みもある。それはまた教育研究のための課題を、その内容と方法論という両方の点において中央集権的に設定するという試みも含んでいる。後者に関しては、エビデンスに基づいた教育の支持者によると、実験的な研究が「何がうまくいくか」についての確実なエビデンスを提供しうる唯一の方法である、という強力な後押しが存在する（Hargreaves 1999, Oakley 2002 また Cutspec 2004, p.1-2 を参照）。

一方、教育研究の質や影響についての同様の関心がアメリカで高まってきており、これらの議論の意味がイギリスよりもはるかに劇的であり、ある人の言い方では、根本的に教育研究の風景が変化してきているという（Eisenhart and Towne 2003を参照）。教育における研究は「何がうまくいくか」を我々に教えうるべきであるという考え方は一九八〇年代にはすでにはっきりと述べられていた（Bennett 1986）にもかかわらず、この思考の方法が連邦調査資金についての法律制定に影響を与えたのはようやく一九九〇年代の後半になってからであった。二〇〇一年の初等・中等教育法（落ちこぼれゼロ法）の改正以来、無作為コントロール試験という「黄金の基準」が——もし予め指示されていなかったとしても——教育研究にとってより好まれる方法論になってきたように思われる（Salavin 2002, p.15 また、Cutspec 2004, p.5を参照）。何を教育における科学的研究とみなすのかという、より広くそしてより包括的な定義の出現を示しているものはいくつかあるが（国際調査会議 2002, Feuer et al. 2002, Erickson and Guttierez 2002を参照）、「何がうまくいくか」を発見するための科学的研究による因果論的な分析への要求が依然として支配的である（Slavin 2002と2004, Mosteller and Boruch 2002を参照）。

　教育におけるエビデンスに基づいた実践の事例は大西洋の両側で多くの議論を引き起こした。エビデンスに基づいた教育への賛同者は、「医療、農業、運輸、技術といった領域での、二〇世紀を通して我々の経済と社会の成功した側面を特徴づけてきた、長い年月の間の進歩的で体系的な改善の性質」を生み出してきたパターンを教育研究も見習う時期だと強調する（Slavin 2002, p.16）。彼らは、「医療、農業そして他の分野において並外れた進歩が生じた最も重要な理由は、実践家がエビデンスを実践の基礎として受容したこと」であり、特に「合理的な疑念を越えて、実用的な使用のために意図された治療の効果（もしくは効果がないこと）を確立しうる」無作為コントロール試験を受容したことである、と示唆している（Slavin 2002, p.16）。

エビデンスに基づいた教育という考えへの反対者は、教育という領域へのエビデンスに基づいたアプローチの適切性について、多くの問いを投げかけてきた。ある者は、教育と医学の間の相関関係を疑問視してきたし（例えば Davies 1999, Pirrie 2001, Simons 2003）、そしてこれらの領域におけるエビデンスの異なった意味を指摘してきた（Nutley, Davies and Walter 2003）。またある者は、エビデンスに基づいた教育という考えの元にある実証主義的な仮説を問題視してきたし、エビデンスに基づいた教育に限定された研究の狭い概念を批判してきた（例えば Atkinson 2000, Elliot 2001, Berliner 2002, St.Pierre 2002, Erickson and Guttierrez 2002, Oliver and Conole 2003）。さらにある者は、エビデンスに基づいた教育の経営的なアジェンダと教育改善への直線的でトップダウン的なアプローチ（例えば Brighton 2000, Hammersley 2000, Ridgway, Zawojewski and Hoover 2000, Davies 2003, Fox 2003, Olson 2004）そして教育研究と教育実践における価値の決定的な役割の承認の欠如を批判してきた（例えば Davies 1999, Burton and Underwood 2000, Hammersley 2000, Elliot 2001, Willinsky 2001, Sanderson 2003, Oliver and Conole 2003）。

以下では、エビデンスに基づいた実践という考えと、教育領域においてそれが促進され、実行されてきた方法を批判的に見てみたい。教育研究と教育実践が意思疎通を図り相互に作用する方法――つまり教育が学術的な学問分野になって以来ずっと中心となってきた問題である（例えば Lagemann 2000 を参照）――を改善する余地があると私はまさに考えているのだが、現在のところ提示され促進されているようなエビデンスに基づいた実践が、この問題に向き合うために最も適切な基盤を提供するということには私は納得できない。私は教育実践や教育研究への科学的なコントロールと民主的なコントロールの間にある緊張についてとりわけ関心を持っている。研究サイドでは、エビデンスに基づいた教育として、唯一の重要な研究の問いが教育手段とテクニックについての問いであると推測されるようなテクノクラートモデルが好まれるように思われる。そこでは、彼らは、たとえば何が「効果的」であるとみなされるかは何が教育的に望ましいのかについての判断に決定的に依存するということを忘れている。実践サイドでは、エビデンスに基づいた教育は、教育実践家が、彼ら自身の文脈化された環境に鋭敏になり、かつその環境に関連する方法で判断をする機会をひどく制限する。「何がうまくいくのか」への焦点化は、それが何のためにうまくいくべきなのか、そして後者〔何のために〕を決定するときに誰がもの言うべきなのかを問うことを、不可能ではないにしても、困難にする。私の主張を展開するためにエビデンスに基づく教育の三つの鍵となる仮説を吟味することにしよう。まず私は、教育実践が、エビデンスに基づいた実践という概念が最初に発展させられた分野である医学の実践とどの程度比較されうるかを問いたい。次に、研究成果に情報提供されることを望む専門的実践にとってどんな種類の認識論が適切であるか、という問いに特別な注意を払いながら、専門職的行為における〔研究〕知識の役割を我々がどのように理解すべきかをみるつもりだ。第三に、エビデンスに基づいた教育という考えのなかで暗示されている研究の実践的役割についての期待を考察するつもりだ。

教育における専門職的行為

エビデンスに基づいた実践という考えは、医療の分野にその起源を持っている。それははじめは医学生に教えるために開発されたが、エビデンスに基づいた医療は臨床診療や臨床的な意思決定において急激に主要なパラダイムになった。エビデンスに基づいた実践の医療から他の健康分野への広がりに加えて、それはソーシャルワーク、保護観察、人的資源管理、そして最後になったが教育というような、より遠い専門職的な活動の領域で提唱され、適用されてきた（Sackett et al. 1996, Sackett et al. 1997, Davies, Nutley and Smith 2000 を参照）。エビデンスに基づいた実践は、一見、研究と実践をより密接に結びつけるための魅力的な枠組みであるように思えるかもしれないが、そこにはエビデンスに基づいた実践が専門職的な活動のどんな領域にも単純に適用されうるような中立な枠組みを提供するのか、あるいはエビデンスに基づいた実践が、それでもって専門職的な実践の特定の見方をもたらす枠組みなのかについての重要な問いがある（Hammersley 2001, Elliot 2001 を参照）。もし後者だとすると――そして私は以下で、そうであると論じるのだが――問われるべき問いは、この枠組みが教育の領域において適切なのかどうかである。

エビデンスに基づいた実践の中心にあるのは効果的介入（例えば Evans and Benefield 2001, p.528、Oakley 2002, p.278, Slavin 2002, p.16 や p.18, Hoagwood and Johnson 2003, pp.5-8 を参照）という概念である。エビデンスに基づく実践は専門職的行為を介入と見なし、介入の効果性についてのエビデンスの提供を研究に要請する。言い換えれば、研究は「何がうまくいくか」を発見することが必要であり、そしてこれを行なうための唯一ではないにしても主要な方法が、しばしば議論されるように、実験的な研究を通して、つまり、あからさまに言えば、無作為コントロール試験の形式においてである。

効果的介入としての専門職的行為という考えは、エビデンスに基づく実践が専門職的行為の因果律モデル（Burton and Chapman 2004, p.60, Sanderson 2003, pp.335-338 を参照）に依存しているということを示している。それは特定の効果を引きこすために専門家が何かをする――つまり彼らは処置を遂行し、彼らはある状況に介入する――という概念に基づいている。効果的な介入とは（原因としての）介入と（効果としての）その成果や結果の間に、確実な関係性が存在するものである。この点で「効果性」とは道具的価値なのだということを心に留めておくことが重要である。というのも、その効果性はプロセスの質に言及はしているが、介入が何を引き起こすことになるかについては何も言っていないからである。このことが意味するのは、とりわけ、効果的な教えや効果的な学校教育について話すことには意味がないということである。つまり、いつも問われる必要がある問いとは「何のために効果的か?」である。また、エビデンスに基づいた実践は、専門職的行為の手段と目的の分離に依拠しているように思われる（Eliot 2001, p.580 または p.560 を参照）。エビデンスに基づいた実践が想定しているのは、専門職的行為の目的は所与のものであって、唯一重要な（専門職的かつ研究的な）問われるべき問いは、それらの目的を達成するために最も効果的で能率的な方法についてだということである。この点において、エビデンスに基づいた実践は専門職的行為の技術的モデルを伴っているのだ。

両方の想定が医療の分野においては妥当なものであるかもしれない一方で――それらは健康という非常に特別で、むしろ狭い概念との関係のなかでのみ妥当であると私はまさに考えるのだが――それらは簡単に教育の分野に置き換えられうると私は思わない。因果律の役割から始めて、つまり生徒であるという状態は患者であるという状態とは極端に異なるという明白な事実はさておき――ちょうど教えることが治療ではないのと同様に生徒であることは病気であることではないのだ――教育は因果律的なプロセスであるという考えに反対する最も重要な議論は、教育が身体的な相互作用のプロセスではなく、象徴的なもしくは象徴的に媒介された相互作用のプロセスなのだという事実のなかにある（Burton and Chapman 2004, p.59, Hammersley 1997, Olson 2004 を参照）。もし、教えることが学ぶことに対してなんらかの影響を及ぼしているとすれば、それは、教えられているものを生徒らが解釈し、理解しようとするという事実ゆえである。教育が可能なのは、（相互的な）解釈のプロセスを通してのみである（Vanderstraeten and Biesta 2001 を参照）。教育を因果律のテクノロジーに変換する多くの試み（それは、学習を決定する全ての要因を見つけ、究極的にコントロールするためにのみ我々がさらなる研究を必要とするという考えにしばしば基づいている）があるにもかかわらず、教育は「押したり引いたり」のプロセスではない――あるいはシステム理論の言語でいえば、教育は開かれており再帰的なシステムである――という単純な事実は、教育工学のまさに不可能性こそが、教育を可能にしているのだということを示している（Biesta 2004b も参照）。我々は教師の活動を介入と言うことができるかもしれないが、——そして教えることは常に何らかの方法で出来事の現在の成り行きに介入するのだと論ずることはできるだろうが——我々はこれらの介入を原因として考えるべきではなく、生徒が応答するための機会として、そして彼らの応答を通して、これらの機会から何かを学ぶための機会として考えるべきである（Burton and Chapman 2004, pp.60-61, Biesta 2006a を参照）。

このことから、私は、エビデンスに基づく実践において含意されている専門職的行為についての二つ目の仮説を導いた。すなわち、教育とは、そのなかで手段と目的の間に明らかな区別があり、目的は所与のものであり、求められるべき唯一の重要な（専門的かつ研究的な）問いはこれらの目的を達成するための最も効果的で効率的な方法ついてであると仮定されている、工学的なプロセスと理解されうる、という考えである。この方向の考え方を教育に適用するには二つの問題がある。第一は、たとえ特定の目的を達成する最も効果的な方法を我々が見つけることができたとしても、我々はそれでも、それに従う行動はしないという決定をするかもしれない。学校での成功における最も影響力のある要因は家庭環境であり、そしてより重要なことには子どもたちの人生の最初の年での経験なのだということを示す十分な量の研究エビデンスが存在する。このことは、教育での成功を成し遂げる最も効果的な方法は、子どもたちを早い年齢で彼らの両親から引き離して「理想的な」環境に置くべきだということを示すかもしれない。そこには家庭環境に介入しようとするきわめて多くの戦略が存在するが、大部分の社会は教育的達成への最も効果的な道を選ぶことを望ましくないと考えている。このことは介入の効果についての知識は、それ自体では、教育的な行為に関する意思決定のための十分な基盤ではないことを示している。そこには、特定の介入は望ましいのかどうかに関する問いが常に存在する（Sanderson 2003 も参照）。

教育の場合、そしてこれが二つめのポイントだが、我々の教育的な活動や方策や――もしその言葉を使いたいならば――介入が、それ自体望ましいものなのかどうかを問う必要があるだけではない。すなわち我々の行為の教育的な影響が何なのかも問う必要がある。我々はあらゆる場合において、体罰が破壊的な振る舞いを防ぎ、抑制する最も効果的な方法であるという確かな経験的エビデンスをたぶん持っているだろう。それでもなおカー（Carr, 1992 p.249）が主張してきたように、「それにもかかわらず、それ〔体罰〕が暴力的行為によって自分の意思を押し付けたり、自分の思いのままにしようとしたりするための最後の手段として適切であり許されるものであるということを子どもに教えるので、そのような実践は避けられるべきである」。ここでのポイントは、教育において手段と目的は、工学的もしくは外的な方法で結びつけられるのではなく、内的もしくは構成的に関係づけられるということだ（Carr 1992 を参照）。我々が教育で使う手段は、我々が達成したいと願う目的に関して中立的ではない。教育において、我々はどんな手段も「効果的である」というだけの理由でその手段を安易に使うことができるわけではない。我々が使う手段は「その手段が生み出すゴールの……まさにその特徴に質的に寄与しているのだ」（Carr 1992, p.249）。だから、教育とは工学的な営みである以上に、実際には道徳的な実践であるとされるのである（Carr 1992, p.248 または Elliot 2001 を参照）。

これらの考え方が示しているのは、エビデンスに基づいた教育において含意される教育的行動のモデル――例えば、特定の前もって与えられた目的をなしとげるための因果的な手段である治療や介入としての教育の概念――は教育の分野では適切ではないということである。教育に必要とされているのは、教育的な相互作用の非因果論的な性質と、教育の手段と目的は外的というよりむしろ内的に関係しているのだという事実とを認めることができる専門職的な行為のモデルである。言い換えれば、必要なのは、教育とは工学的もしくは技術的な実践というよりもむしろ道徳的な実践であるという事実の認識である――この違いに関してはアリストテレスの *phronesis*（実践知）と *techne*（道具知）の間の違いに遡る（アリストテレス『ニコマコス倫理学』1980、特にⅥ巻を参照。もしくは Biesta 2009b を参照）。教育的専門職性に対する最も重要な問いは、従って彼らの行動の効果についてでは**なく**彼らが行なうことの潜在的な教育的価値、例えば、彼らの行動に付随する学習のための機会の教育的な望ましさ、についてである。だから、エビデンスに基づいた教育の「何がうまくいくのか」という論点は、教育の場合には少なくとも不十分であり、そしておそらく場違いであるのだ。なぜなら教育における判断は単に何が可能か（事実判断）についてではなく何が教育的に望ましいのか（価値判断）についてであるからだ。サンダーソン（Sanderson, 2003）も結論づけるように「教師のための問いは、単に『何が効果的なのか』ではなくむしろ、それはより広く言えば『この状況でこの子どもたちにとって何が適切なのか』である」（2003, p.341）。「何がうまくいくのか」についての研究が規範的な専門的判断に置き換わりうると示唆することは、「である」から「すべき」へと不当に飛躍させるだけではない。それはまた、教育的実践者が、「何がうまくいくのか」についてのエビデンスに従った行為をしない権利を、もしそのような一連の行為が教育的には望ましくないだろうと判断した場合も、認めないということである（Burton and Chapman 2004 も参照）。

専門的判断と実践的認識論

専門的判断は教育的実践の中心であり、そしてこの判断の本質は技術的であるよりもむしろ道徳的であるという結論は、教育における専門的判断が教育学研究の成果によっては伝えられないかもしれないということを意味しない。したがって、私が探求したい二つめの論点は、研究成果が教育実践に影響を与えうるような方法をどのように理解すべきかである。そのために、我々は認識論的な問いへと向きを変える必要がある（そして議論のなかでこの次元にわずかな注意しか払われていないことを理解するのは注目に値する。ただしいくつかの例外はある。Berliner 2002, Sanderson 2003, Eraut 2003, Burton and Chapman 2004 を参照）。ここでの主要な問いは、（専門的な）行為における知識の役割についての十分な理解のためにどのような種類の認識論が適切であるのか、である。この問いに対する答えを展開するために、私はジョン・デューイの研究をより詳しく見てみることにする。彼は、私の見解では、西洋哲学において利用可能な最も力強くそして洗練された「実践的認識論」のうちの一つを展開した人物である（Biesta and Burbules 2003 を参照）。

どのような研究が、教育実践において使われうる、あるいは使われるべきかについては、異なった見解があるかもしれないが、研究は我々に「何がうまくいくのか」を教えることが可能であり、それは政策や実践の起こりそうな効果についての「信用できるエビデンス」、そしてより一般的には「有効性の信用できるエビデンス」を提供することが可能であるという、ほとんど満場一致の期待があるように思える。これらの期待が保証されるかどうかは究極的には、研究は何を達成しうるのかを理解する認識論的な仮説に依存している。我々が研究に何を期待することができるのかに関しても、研究が教育的実践においてどのように使われうるかという問いに関しても、デューイの考えが重要なのは、まさにここである。

デューイの認知理論（theory of knowing）に関する理論で最も重要な面は、その理論が非物質的な精神と物質的な世界の間の二元論を前提としていないという事実にある――その二元論とは少なくともデカルトが現実をコギト（*res cogitans* 思惟する「実体」）と延長（*res extensa* 空間を占める「実体」）に分割した時以来、一貫して近代的認識論の枠組みであり続けた。デューイは、どのように「純粋に個別的、もしくは『主体的』な、そしてその存在が完全に心的で非物質的である知る者（knower）と……、純粋に普遍的もしくは『客観的』であり、その存在が完全に機械的かつ物質的であると認知されるべき世界とが、相互に到達することがそもそも可能なのか」という不可能な問いからは出発しない認知理論を提供した（Dewey 1911, p.441）。それに代わって、彼は行動理論的な枠組みのなかから知についての問いにアプローチしているのだが、そのなかでは、知ることは「行動する方法」として理解されている――だから、我々はデューイの立場を知識の理論ではなく知ることの理論として述べたいのである（Biesta 2004c を参照）。

デューイの認知理論の中心的概念は経験という概念である。経験とは意識していることや精神的な気づきについてのことではなくて、生物とその環境との相互作用（transaction）のことを言っているのだ。デューイにおける経験の相互作用的な理解は、もはや知ることが物質的な世界を眺め、そのなかで何が起こっているのかを記録する非物質的な精神——デューイが観察者の知識理論と述べている見解——ではないという枠組みを提供する。デューイにとって、知ることとは「外側」の世界についてではなく、我々の行動とそれらの帰結の間にある関係性に関連している——これはデューイの認知の相互作用理論の中心的な考えである。

認知とは、ほぼ我々の行動とそれらの結果の間にある関係性の把握や理解であるから、認知は我々が自らの行動へのよりよい統制を手に入れることの手助けになり得る——すなわち、少なくとも、やみくもな試行錯誤の場合においてよりもよりよいということだ。「統制の可能性があるとしたら」「その可能性を実現する唯一の媒介者は知識なのだ」とデューイは書いている（Dewey 1925, p.29〔四一頁〕）。ここでいう「統制」は、完全な支配を意味するのではなく、我々の行動を知性的に計画したり方向づけたりする能力だと見ることが重要である。

デューイの認識についての相互作用理論がなぜ我々の議論に重要かという主な理由は、その理論が、行為のなかで知識が演じる役割を理解するための枠組みを提供するからである。デューイのアプローチを理解するために何よりもまず重要なのは、我々は行為するためにどんな知識も持つ必要がないということである。我々が世界のなかで行為できる以前に「その世界」についての情報を持つ必要があるというのは間違いである。生きている有機体として、我々は単にいつもすでに活動的である。つまり、そもそも我々は常に、環境との相互作用のなかにすでに存在しているのだ。このことは、もちろん、我々の世界との相互作用の結果として我々が学習しない、ということを意味するのではない。経験の全体的な概念とは、正確には、我々の「すること」の結果を経験することであり、そしてその結果として我々が変化することである。デューイは経験とは「さらなる行動を条件づける有機的構造における変化」に帰着すると説明する（Dewey 1938, p.38〔四一頁〕）。彼はそのような変化を習慣と呼ぶ。習慣とは行為のパターンではなく、行為するための傾向である。

我々は基本的に試行錯誤の過程を通して——あるいは、より理論的な言語では、実験を通して——我々の習慣を獲得する。きわめて基本的な意味で、実験とは我々が何であれ学ぶことができる唯一の方法なのだ。そもそも我々は何かを行ない、それに続いて我々が行なったことの結果を経験するから、我々は学ぶのだ。それでもデューイにとってやみくもな試行錯誤——熟慮と方向性とを持たない実験——と彼が知性的な行為と呼ぶものの間には決定的な違いがある。その二つの間での違いは、思考もしくは反省の介入、すなわち象徴的操作の使用に関係している。

行為における思考の役割についてのデューイの考えを理解するために重要なのは、我々が唯一新しい習慣を学びそして獲得するのは、有機体—環境の相互作用がさえぎられるような状況においてである、ということを理解することだ。そのような状況での適切な反応を見いだすための一つの方法は、試行錯誤を経ることである。これは上手くいくこともあれば、そうでないこともある。試行錯誤は問題解決のためのとても効率的な方法ではないかもしれない、という事実は別として、そこにはまた問題を解決するためのいくつかの試みは取り返しがつかないかもしれない——そのことが意味するのは、もしそれらの試みが問題を解決しないならば、我々はその問題をもう解決することができないかもしれないということである——というリスクもある。この苦境から抜け出す道は、デューイに従えば、明白な行為を通してよりもむしろ、象徴的なレベルでの多様な行為の諸経路を伴う実験を通してである。これはまさに思考が行なうことである。つまりそれは「多様な競合する可能な行為の諸経路の（想像上の）脚本上のリハーサル」である（Dewey 1922, p.132〔一八八頁〕）。行為の一つの具体的な経路を選択することは、「想像の中で、明白な行為へと帰結する適切な刺激を備えた対象を思いつくこと」（Dewey 1922, p.134〔一八九頁〕）として理解されるべきである。この選択が実際に調和のとれた相互作用へと導くかどうか——その問題が解決されるかどうか——は、もちろん、我々が実際に行為した時にのみ明らかになるだろう。思考や熟考は問題を解決できないし、選択した反応が成功することも保障できない。しかしそれらは、やみくもな試行錯誤の場合よりも、選択の過程をより知性的にすることができる。

我々が習慣のレベルで学ぶだけではないのは、我々の実験的な問題解決が象徴的な操作、思考や熟考、言語、物語、理論、仮説、説明等々に埋め込まれている、という事実のゆえである。我々は未来の問題へ取り組むために「象徴的資源」をさらに増やしていく。我々が知識を獲得したと言えるのは、それが「世界」についての知識ではなく特定の状況における我々の行動とそれらの帰結の間にある関係性についての知識である、ということを我々が忘れない限りにおいてである。結局、デューイの相互作用の枠組みに従えば、これは世界が我々に「立ち現れ」てくる唯一無二の方法なのだ。

反省的な実験的問題解決のこれまでの説明――デューイが探求と述べた過程（Dewey 1938）――は、知識獲得についてのデューイの説明のための基盤なのだ。この見解の主な意味の一つは、探求――もしくは研究――が我々に「外側の」世界についての情報を提供するのではなく、行動と結果の間のありうる関係性についての情報だけを提供するということだ。日常の問題解決の場合、我々は、行動とそれらの結果の間のありうる関係性について学ぶ。無作為コントロール試験の場合、我々は、実験的な処置と計測された結果の間の可能な関係性について学ぶ。しかしながら、どちらの場合においても、これは「外側の」世界についての真理には帰結しない。それはむしろ我々がしたこととその後に続くこととの間での関係性についての「保証された主張」を我々に与える。このことが意味するのは、探求や研究が可能性のあることを我々に教えるだけなのだということである――もしくはより正確に言えば、それらは何が可能であったかを我々に示すことができるだけだ。研究は、手短に言えば、何がうまくいったかを我々に伝えることはできるが、何がうまくいくかということを我々に伝えることはできない。

しかしながら、デューイの探求過程の説明は、我々がどのように知識を獲得するのかという説明だけではない。それはまさに同時に、どのように問題を解決するのかの説明でもある。この後者の観点から、デューイの説明は、我々に、専門職的行為のモデルも、そしてもっと重要なことには、行為における知識の役割に関する見解も提供する。デューイの説明には三つの重要な点がある。まず第一に、デューイにとって専門職的行為とは試され検証された処方箋に従うことをいうのではなく、具体的な、そしてある意味で、いつも固有な問題に取り組むことをいう。デューイの相互作用的な見解が意味するのは、我々の世界との相互作用には構造、形式そして継続はあるけれども、その状況がずっと同じままであることを我々は期待できないし期待するべきではないし、社会的な領域でそのことを断じて期待すべきではないということである。

第二に、以前の状況で獲得された知識――もしくは他の探求や研究の状況の中で他者によって獲得された知識――は、規則や処方箋という形では反省的問題解決のプロセスに入ってこないということを理解するのは重要である。デューイが「いかなる科学的研究の結論も、教育的技術の直接的規則に転換されない」（Dewey 1929, p.9〔二三五頁〕）と書いた時、研究が我々に与えるうるすべては、可能性――何がうまくいったかについてであり、何がうまくいくかについてではない――の理解であるからだというだけではない。それは、反省的問題解決において、我々が何をなすべきかを安易に引き出すために「古い」知識は使わないという理由からでもある。我々が「古い」知識を使うのは、その問題が何でありうるのかを理解しようとするさいの導きとして、そして、可能な行為の諸系列から知性的に選択するさいの導きとしてである。言い換えれば、「古い」知識は、我々の問題解決をより知的にすることにおいて我々を手助けするのである。けれどもプディングの証明〔プディングの味は食べてみればわかるという諺）は常に、それに続く行動（食べること）のなかに存在する。このことは、我々の問題理解の適切性と、まさにその同じプロセスのなかで、提案された解法の適切性の両方を「証明」するだろう（証明についてのデューイの知見はBiesta and Burblesのpp.68-71を参照）。

このことは――そしてこれが私の三つ目のポイントであるが――デューイは、専門職的行為の技術的知見には反対しないことを示唆しているように思えるかもしれない。それはつまり、我々が研究にあまりに多くのことや間違ったことを期待しない限りにおいて、そして、我々が専門的判断とは常にある点において固有の状況についてのことだと心に留めておく限りにおいてではあるが。しかしデューイにとって、問題解決とは単に特定の目的を達成するための正しい手段を見つけることではない。デューイにとって、知的な問題解決は、手段と目的の両方を含んでいなければならない。それは「存在的質料」を「解決される状況に影響を与える質料的な手段としての」それらの機能の点で、判断する必要が我々にはある、ということだけではない（Dewey 1938, p.490〔四八一頁〕）。まさに同時にそして一つの同一のプロセスにおいて、我々は「目的がそれによって達成されうる役に立つ手段に基づいて」目的を評価する必要がある（p.490〔四八一頁〕）。探求のプロセスの要点は「相互に厳密な連結的関係にある手段―結果（目的）を」定めることだ（p.490〔四八一頁〕）。

この結論は、研究者としての我々の役割においても専門的教育者としての我々の役割においても、我々は所与の問題の定義づけを受け入れるべきでもないし、そして所与の、予め決定された目的を受け入れるべきでもないということだ。デューイは、研究と専門的実践の両方において、どんな目的も仮説という性質を持つのであり、そしてそのような仮説は「手段としての存在的諸条件との厳密な相関性のなかで」（Dewey 1938, p.490〔四八二頁〕）形成され、発展させられ、検証されなければならないという主張に大いに賛成している。同様に、探究プロセスの結果変わるかもしれない仮説として、問題の所与の定義にアプローチすべきである。言い換えれば、我々が手段に関してだけ実験的であるべきではなく、目的や我々が取り組む問題の解釈に関してもまた実験的であるべきだ、とデューイは議論している。この線に沿ってのみ、社会的領域での探求が、我々の願うことが達成可能かどうかだけでなく、それを達成することが望ましいかどうかをも、我々が見極める手助けをしうるのだ。デューイの「プラグマティックな技術」（Hickman, 1990）とは、したがって言葉の狭い意味での社会工学や社会管理についてのことではない。行為の、人間らしい目的や結果との本質的な関係が、つまり社会的領域における探求の政治的な性質が、完全に考慮されている時にはじめて、社会領域における行為が知性的な行為になるのだ。

かくして、デューイの実践的認識論は、エビデンスに基づいた教育のモデルへの重要な対案を我々に提供する。そこには二つの決定的差異が存在する。まず第一に、「エビデンス」は我々に行為のためのルールを提供するのではなく、知的な問題解決のための仮説を提供するのみだ、とデューイは示している。言い換えるなら、もし、知識がどのように実践を支援しうるのかを理解するのに十分な実践的認識論を我々が欲するのであれば、研究を通して手に入る知識は、現状で何が役に立っていて、これから何が役に立つのかについてではなく、過去に何が役に立ってきたかについてであることを認めなければならない。この知識の唯一の使い道は、知的な専門職的行為における道具としての利用である。デューイのアプローチと、エビデンスに基づく実践の伝統的見解との二つ目の差異は、研究も専門職的行為も予め規定された目的をもたらすための最も効果的な手段に集中することはできないし、すべきではない、ということだ。研究者と実践家は、目的についての探求にも関わるべきである――そして手段への探求と密接に関係してこのことを行なうべきだ。何が望ましいのかへの体系的な探究は、教育の研究者や教育実践家にとって仕事であるだけでなく、教育の場合には、社会全体にまで及ぶ。民主的な社会とは厳密に言えば、教育の目的が所与のものである社会ではなく、議論や熟議を要する絶え間ない問題である社会なのだ。

教育研究の実践的役割

「何がうまくいくのか」というスローガンの背景にある考えとは、研究は教育的行為のための効果的な方略についての情報を提供すべきだというものだ。私はすでに示してきたのだが、教育実践は、予め規定された目的をもたらすための方略ないしは手法の単なる適用以上のものなのだ。私はすでに、デューイを引き合いに出して、研究は、うまくいっていること、もしくはうまくいくだろうことではなくて、うまくいったことを示しているだけだということも示してきた。このことが意味するのは、研究の成果は、行為のためのルールには単純には変換されえないということである。行為と結果の間にある関連性についての知識は、専門的な問題解決をより知的にするためだけに使うことができる。研究は教育的手段の効果性を研究すべきであるだけではなく、同時に教育的目的の望ましさを探求すべきであるということを私は主張してきた。一方で、エビデンスに基づいた実践は前者の仕事にのみ焦点をあて、そうすることで、研究が教育実践に関連しうる唯一の方法は道具的もしくは技術的知識の提供を通してである、と決めてかかるのである。

ドゥ・フリース（De Vries 1990）は、社会科学の研究が実践的に価値をもつための方法について議論するなかで、研究が、研究の技術的役割としての社会的実践を果たしうる、この特殊な方法について言及している。技術的役割において、研究は与えられた目的を達成するための手段や方略や技術の産出者なのだ。しかしながら、ドゥ・フリースは、そこには研究が実践に情報提供する他の方法が少なくとも一つあると主張する。それは、異なった解釈を提供することによる、社会的現実の異なる理解の仕方や異なる想像の仕方である。彼は後者を、研究の文化的役割と述べている。

ドゥ・フリースの識別によって、我々は、道具的な知識の蓄積が、教育実践に情報を提供し、利益をもたらしうる教育研究の唯一の方法ではない、と理解することができる。教育研究のための重要な仕事が、教育的行為のさまざまな方法を発見し、吟味し、評価することにある一方で、研究が教育実践者に彼らの実践の異なった理解を獲得させる手助けをするとき、すなわち、もし研究が実践者に彼らの実践を違うように見せたり想像させたりするのに役立つならば、研究はまた影響を与えることができる。行動目標のレンズを通して教室を見るか、正統的周辺参加のレンズを通して教室を見るかでは、格段の違いが生じうる。それが生み出す違いは、我々が物事を違うように見ることができるというだけではない。異なった理論的なレンズを通して見ることによって、以前我々が理解しなかった問題を理解することも可能になるかもしれないし、以前我々が問題を見なかった場所に問題を見ることとさえも（例えば、フェミニストの学問がまさに我々に問題を可視化するのを手助けした方法を考えてみよう）可能になるかもしれない。結果として、我々は、以前それらを予想しなかった場所で、行動の機会を予想できるかもしれない。教育の研究の文化的役割は、したがって技術的役割であると同様に実践的役割でもあるのだ。エビデンスに基づいた実践という概念に関して重大な問題点とは、端的に言えば、文化的選択肢を見逃すということである。それは、所与の目的のために手段を作り出すことに焦点化しており、研究上の問いを「技術的効率性や効果性の語用論」（Evans and Benefield 2001, p.539）へと矮小化する。それは研究について技術的な期待をしているだけである。

我々の議論にとって重要な技術的役割と文化的役割のドゥ・フリースによる区別には、さらに二つの側面がある。第一に、二つの役割は互いに区別されうるが、このことは、それらが必ずしも別々のものとして考えられるべきだということを意味しない。一方でドゥ・フリースは、異なった解釈がしばしば我々が行為のための新しい問題や新しい可能性を理解するのを手助けし、従って異なる、そして／あるいは、さらなる研究のためのより緻密な「技術的」問いへと導きうることを示している。他方で、もし研究がその技術的役割を演じることに成功したら、換言すれば、もし研究がうまく問題を解決する方略やアプローチをもたらすなら、これは、当然、この特定のアプローチを提供する枠組みで状況を見、理解するよう我々を納得させるだろう。したがって、通常、技術的そして文化的アプローチは、相互に情報を与え合い、強め合う。

前述したことは、技術的そして文化的な役割は研究者がそこから選択することが可能な二つの選択肢なのだということを示唆するかもしれない。しかしながら、これは常にそうであるわけではない。教育の研究が担うことができる役割は、そのもとで研究者が仕事をするミクロかつマクロな状況にかなりの程度左右される、とドゥ・フリースは主張している。教育のねらいについての強い合意がある場合には、あるいは、別様に言えば、教育のねらいが問われえない場所においては、研究の唯一の「可能な」役割は、技術的役割であるように思われる。他方、そのような合意が実在しない時は、そこにはその状況の異なった解釈を提供することで研究者が文化的役割を担う可能性がある。ドゥ・フリースはこの分析を民主主義の考えと結びつけている。彼は民主的社会とは社会的研究が技術的役割へと制限されず、文化的役割をも担うことができる社会であると提案している。言い換えれば、民主的な社会は、問題の定義についての、そして我々の教育的努力のねらいや目標についての、開かれた、情報提供されたうえでの議論によって特徴づけられる。エビデンスに基づく実践についての全体的な議論が研究の実践的役割についての技術的な期待しか持っていないように思われるという事実は、したがって、民主主義の観点からすると、憂慮すべきサインでもある。

結論

本章で私はエビデンスに基づいた教育という考えの根底にある三つの鍵となる仮定を吟味してき

た。エビデンスに基づく教育という考えにおける専門職的な行為のモデルを議論するなかで、教育実践の非因果論的かつ規範的な性質のゆえに、そして教育における手段と目的は内的に関係しているという事実ゆえに、教育は介入や治療として理解されえないことを私は主張した。このことが意味するのは、教育的専門家には何が教育的に望ましいのかについて判断する必要があるということである。言い換えれば、彼らはよい教育について判断する必要がある。そのような判断は、まさにその本性からして、規範的な判断である。「何がうまくいくのか」についての研究がそのような判断にとって代わりうると提案することは、「である」から「べきである」への不当な飛躍を暗示するだけでなく、教育実践家がそのような一連の行為を教育的に望ましくないと判断して「何がうまくいくのか」についてのエビデンスに従った行為をしない権利を否定しもする。したがって、エビデンスに基づいた教育に伴う問題は、それが教育的意思決定の規範的次元に十分には気づいていない、ということだけではない。問題は、それが教育の専門家が特定の状況の中で何が教育的に望ましいのかについて彼らの判断を及ぼす機会を制限しもすることである。

エビデンスに基づいた実践の認識論的な仮定についての議論のなかで、類似する問題が現れていた。デューイの実践的認識論を使うことで、私は研究が行為のためのルールを我々に提供することはできず、知的な問題解決のための仮説を与えるのみであることを示した。研究は、我々に特定の状況のなかで何がうまくいったのかを教えることができるだけであり、どんな未来の状況においてもうまくいくのは何かを教えることはできない。このなかでの教育的な専門家の役割とは一般的なルールを特定の一連の行動に変換することではない。それは、むしろ彼らの問題解決をより知的にするために、研究で発見したことを利用するということだ。ここに含まれるのは、教育の手段や技術についての熟考や判断だけではない。それは、まさに同時に、教育の目的についての熟考や判断をも含むのである。したがってデューイの実践的認識論はエビデンスに基づいた教育の考えに二通りの方法で異議を唱えている。つまり、エビデンスに基づいた教育とは、研究が達成したものを教育実践に関連づけるものだという考え方に異議を唱え、そして、議論は「何がうまくいくのか」についての技術的問いに制限されうるし、されるべきであると決めてかかるテクノクラートモデルに異議を唱えている。デューイは、規範的な問いが、それ自体、厳粛な研究の問いであり、さらに言えば、教育に利害関係がある全ての人々（教育に直接的な関心を持つ人々だけでなく、究極的には全ての市民を含むべきである）の間での十全で、自由で、開かれた規範的討論の一部である必要のある問いであると、我々が見る手助けをする。

研究と政策と実践のつながりが技術的問いに限定されるのではなく、研究が教育的現実の異なった理解や、起こりうる未来を想像する異なった方法を提供しうる筋道を通して確立されもする、という考えは、私の議論の第三ステップの中心だったが、そこで私はエビデンスに基づく教育が研究と政策と実践の間の関係について考える方法を考察した。私は、研究が技術的そして文化的な両方の役割を担いうること、および両者がとても現実的で実践的な影響を持ちうることを、エビデンスに基づく教育が気づいていないように思えるということを示唆しただけではない。さらに私が示したのは、研究が技術的もしくは文化的役割を演じることがどの程度できるかが、社会の民主的な質の指標として用いられうるということである。なぜなら、政府や政策立案者たちが教育の研究に技術的役割だけ演じることを要求するように思える現在の風潮は、実際に民主主義それ自体への脅威として読めるし、そう読まれるべきだからである（Hammersley 2001, p.550 を参照）。

議論が、ある目的を達成するための最も効果的な方法を見つけ出すことに限定されず、目的それ自体の望ましさについての問いにも照準を合わせることを確認するために、研究と政策と実践の間の関係について我々が考える幅を広げるための現実の必要性があるのは、すべてこれらの理由による。デューイと共に私が強調したいのは、目的を達成することができるかもしれない方法が与えられているときに、その目的が望ましいものなのかどうかを常に問う必要があるということである。教育のなかで、常に問われなければならないさらなる問いは、我々の手段の教育的な質についてである。例えば、特定の手段や戦略を我々が使用することで生徒は何を学ぶだろうかということについてである。この展望からみて問題をはらむのは、エビデンスに基づいた実践の議論が技術的問い――「何がうまくいくのか」についての問い――にのみ焦点を当て、その一方で何が教育的に望ましいかについての規範的かつ実践的な問い、つまり、何がよい教育を構成するのかについての問いへの批判的な探求の必要性を忘れているということである。もし我々が本当に教育における研究と政策と実践の間の関係を改善したいのならば、我々は教育についての技術的問いが、何が教育的に望ましいのかについての規範的、教育的そして政治的な問いとの密接な関連のなかで取り組まれうるようなアプローチを必要とする。政府がどの程度、研究領域にこの一連の問いを取り上げることを許可するのかだけでなく、活発に研究や研究者が「何がうまくいくのか」についての単純な問いを越えていくことを支援したり促したりするかが、社会がどの程度、民主主義的社会と呼ばれうるかの指標であることは当然である。したがって、民主主義の観点から「何がうまくいくのか」だけに限定して強調することは、十分ではない。

第3章

教育——説明責任と応答責任のはざま

私のこれまでの議論では、教育分野における最近の動向が教育のねらいや目的についての問いに取り組むことをより困難にしてきた筋道に焦点を当ててきた。私は、これを、よい教育に関する問いが、何が教育的に望ましいのかに関する問いへの答えを基本的に生み出せない他の問い——測定やエビデンスについてのような問い——によって置き換えられてきたプロセスとして特徴付けてきた。さらに私は本章で、この展開のもう一つの次元、すなわち説明責任という考えが、本物の民主主義的な潜在可能性をもった考えから、一連の手順へと変形させられてきた経緯に焦点を当てる。その一連の手順は、教育実践を窒息させ、規範的問いを単なる手続きの問いへと陥らせてきた。ちょうどエビデンスに基づいた教育という考えが、教育の民主主義的統制への脅威をもたらしたように、説明責任への経営的なアプローチは、教育者が彼らの行為や活動、もっと具体的に言えば、彼らの行為や活動が何をもたらすことになるのかに対する応答責任をとる機会を浸食してきた。

説明責任の二通りの解釈

チャールトン（Charlton 1999; 2002）によれば、説明責任とは、少なくとも二つの大まかに区別される意味をもつ「つかみにくい修辞学的な専門用語」である。すなわち、技術的─経営的な意味と、よりゆるやかな一般的な意味とである。一般的な言説において、説明責任とは応答責任と関係があり、「〜へ応答可能であること」という言外の意味を持っている。他方で、技術的─経営的意味は、より狭義に、監査可能な説明をする義務のことを指している。もともとは、説明責任は財務的な文書にのみ関連していた。しかしながら、説明責任の現在の経営的な使用は、この財務的な使用法を直接的に拡張したものであって、説明責任のある組織は、その活動全てに監査可能な説明をする義務を負う組織であると見なされる。二つの説明責任の意味の間でのつながりは弱い。チャールトンは、「監査可能な文書を提供することは責任ある態度と同意語である、ということを想定することが正当である限りにおいてのみ」（Charlton, 2002, p.18 参照）、説明責任の二つの意味の間にはなんらかの重複がある、と議論している。しかし、説明責任のレトリックはまさに二つの意味の間にある「クイックスイッチ」に基づいて作動しており、説明責任に反対する議論を、無責任な行動の言い訳にとどまらない何ものかであるとみなすことを困難にしている。

チャールトンは、説明責任の二つの意味の間で有益な概念的な区別をつけているだけではない。説明責任の観念の経営的な使用が、監査の目的が「金銭処理における無能や不正を見抜いたり防いだりすること」（2002, p.24）であるという厳密に財政的な文脈のなかに、その歴史があるということを示している。彼は、財政的な監査の論理がどの程度経営的な目的にとって適切なのかに関する問いを十分考慮しないまま、この論理が経営的な文脈へと単純に置き換えられてきたと主張する。監査プロセスの原理を多様な文脈の特性や要求に適応させるよりもむしろ、説明責任の文化は、実践が監査プロセスの原理に適応しなければならない状況へと導いてきたと、チャールトンは論証している（Power, 1994, 1997 も参照）。「透明な組織は監査可能であり、そして監査可能な組織は管理しやすい——そして逆も真なり。したがって、組織は監査可能にされねばならない」（Charlton, 2002, p.22）。

チャールトンは二つの説明責任の意味が現在では共に存在していると示唆しているように思われる。技術的—経営的アプローチが高まる以前には、説明責任を、統治のシステムというよりもむしろ（相互の）応答責任のシステムであると見なす伝統が支配的だったと言うことができるだろう。教育においては、このことに対する明白な証拠がある。そこでは、ポールソン（Poulson 1996; 1998）が主張してきたように、一九七〇年代終盤や一九八〇年代序盤における説明責任についての議論は、説明責任の専門職的解釈へと強く焦点化されていた。そこにはまた、説明責任の専門職的な解釈とは別に、学校を保護者、生徒、そしてより広い一般市民に対して説明可能にすることが教育の民主化を支援するだろうと議論することで、説明責任への民主主義的アプローチに接合する試みがあった（Epstein, 1993, Davis and White, 2001 を参照）。

説明責任についての専門職的かつ民主主義的な考えから、技術的―経営的なアプローチという現在のヘゲモニーへの移行は、より広範な社会的変化や教育システムの変化という背景に照らして読まれるべきだ。ジェワーツは、イギリスの教育改革に関する彼女の研究のなかで、この変化を「福祉主義」――一九八八年以前のイギリスにおける教育的合意――から「ポスト福祉主義」の新しい経営主義への展開として特徴付けている（Gewirts, 2002を参照）。福祉主義は公共サービスの精神によって特徴づけられる、つまり平等性、ケア、社会的正義のような専門職的な基準や価値への関与、そして協働の強調である。他方、「新しい経営主義」は、顧客志向の精神、能率や費用対効果に駆り立てられた決定、そして競争の強調、特に自由な市場競争によって特徴づけられている（Gewirtz 2002, p.32参照）。説明責任とその補足物である品質保障は、新しい経営主義の主たる道具である。ジェワーツは彼女の研究のなかで、イギリスの中学校での日々の実践に対する、新しい経営主義の問題含みの影響を非常に詳しく示している（Gewirtz 2002, 特にpp.138-154参照）。

国家とその市民の間の変化する関係性

教育における説明責任の歴史として最適の叙述がいかなるものかという問いに加えて、そこには、もちろん、説明責任への専門的かつ民主主義的なアプローチから経営的なアプローチへの変化がどのように理解されうるか、という問いもある。これは過去数十年にわたる教育政策研究の主要な問いであり、そして論争と研究の中心的トピックであり続けている。説明責任の高まりはイ、デ、オ、ロ、ギ、ーの変化（新自由主義と新保守主義の高まり）や経済的な変化（最も重要なのは一九七〇年代中盤におけるオイルショックと経済停滞、そしてそれに続くグローバル資本主義の高まり）という背景に照らして理解されるべきであり、そのことは、同時に福祉国家の衰退――破壊とはいわないまでも――や市場の新自由主義的／グローバルな資本主義の論理の高まり――ヘゲモニーとはいわないまでも――という結果を生じさせたことに、多くの著者は同意している（包括的な概観のためにはApple,2000を参照）。議論における重要な問いの一つはイデオロギー的そして経済的変化の間の正確な関係性に関連している。ある論者は、それらが相対的に独立しており、相互に強化し合ってきたと主張するだろう。フォールクス（Faulks, 1998）は、サッチャリズムが、変化を駆り立てる独立したイデオロギー的要因というよりもむしろ、変化する経済状況への反応であったと提起してきた。

この発展の結果としてもたらされてきた最も重要な変化の一つは国家と市民の間の関係性の再配置である。この関係性は、より政治的な関係性――つまりともに共通善に関心を払う政府と市民の間の関係性――ではなくなってきており、より経済的な関係性――つまりそれは、公共サービスの提供者としての国家と消費者としての納税者との間の関係性――になってきていると私は主張したい。

国家とその市民の間の関係性の再配置は、単に関係づけの異なる道として理解されるべきではない。新しい関係性は二つの陣営の役割とアイデンティティや、それらが関係をもつ条件を変化させてきた。国家と市民の間の関係性が脱政治化されてきたということを議論しうるだけではない。我々は政治的なものそれ自体の領域が侵食されてきたと主張することさえできるだろう（例えば Marquand, 2004, Biesta, 2005b を参照）。徹底して、使用されている言語は経済的言語であるし、そのことは国家を提供者として、そして市民を顧客として位置づける（Biesta 2004a, 2006a を参照）。選択がこの議論のキーワードになってきている。しかしながら「選択」は、市場における顧客の振る舞いについてのものであり、そこでは、彼らの狙いは自らのニーズを満たすことである。このことを民主主義——それは共通善や公的資源の公正で平等な（再）配分についての公的な熟考と論議のことであるが——と混ぜこぜにすべきではない。

　市場の論理に従えば、国家と市民の間の関係性はもはや内容的な関係性ではなく、完全に形式的な関係性に変わってしまった。この再配置は説明責任の補足物である質保証の文化の高まりと密接につながっている。実際、現在の質保証の実践は、典型的に「成果よりもシステムやプロセスに」集中している（Charlton 2002, p.20 強調は原文）。質保証は、プロセスの効率や効果性についてであり、これらのプロセスがもたらすはずのものについてではない。こういうわけで、イギリス政府が教育やその他の公共サービスにおいて「基準を上げること」を不断に強調することは、どんな基準あるいは「成果」が最も望ましいのかについての適切（民主主義的）な議論を欠いているので空虚なのである。私がこれまで示してきたように、同じ問題が、「学校の効果性と改善努力」（Gewirtz 2002, p.15）の多くの研究の背後にある。というのも、これらの研究は、主としてプロセスの効果件と効率に焦点が当てられており、そのようなプロセスがどんな結果をもたらすべきなのか、といった望ましさについてのはるかに困難な規範的・政治的な問いを立てないからである。

消費者としての市民――直接的な説明責任から間接的な説明責任へ

エプスタイン（Epstein, 1993）は、親の選択と親たちに対して学校を説明可能なものにするという考えは本物の民主主義的な機会を提供するが、進歩的でラディカルな教育者たちがこの機会を必ずしも活かしてきたわけではないと主張してきた。これが、保守的な解釈がうまくヘゲモニーをにぎってきたひとつの理由である。もちろん、もし親の選択が社会のなかでの教育の様態や意図やねらいについてのより広範な民主主義的熟考の一部とならないならば、それ自体はほとんど民主的であるとは言い得ない、と認めることは重要である。もし後者の次元が欠けているなら、親の選択は、アップルが「経済的資本や社会的資本の文化的資本への転換」と適切に述べたことに行き着くだけだ（Apple 2000, p.237）。そのような状況では親の選択は実在している不平等を単に再生産するだけだ。さらに忘れられるべきでないのは、教育における選択についての現在の言説が、一般的に古典的自由主義の文脈というよりもむしろ新自由主義の文脈のなかで導入されているということだ。オルセンはその二つを区別する有用な説明を提供している。

古典的自由主義が、個人が国家の介入から解き放たれるべき対象として扱われるという点で、国家権力を否定的な概念であるとするのに対して、新自由主義は、市場の活動に必要な条件、法律、制度を提供することによって、適切な市場を生み出す国家の役割という肯定的な概念を表すようになってきている。古典的自由主義において、個人は、自律的な人間的本性を持つものとして特徴づけられ、自由を行使することができる。新自由主義において国家は、商魂たくましい競争的な起業家である個人を創造しようとする（Olssen 1996, p.340）。

これは教育における説明責任が現在そのもとで作動している独特の布陣である。この状況に関して最も奇妙なのは、市場化された個人主義と中央集権のおかしな組み合わせである。なぜ説明責任の専門的かつ民主的モデルが実質的に効力を失ったのかを、このことが説明している。教育が政府によって提供され、納税者のお金によって支払われる公共サービスとして再配置されるようになってきたことが、効力を失った理由だ。この布陣の中では親たち（もしくは、さらに詳しく言えば生徒たち）と学校との間での直接的な説明責任は存在しない。説明責任は間接的なのだ。直接的な説明責任は学校と国家の間で生じ、説明責任のこの様式のための理論的根拠は主に形式的（すなわち、財政的もしくはプロセスの質に関するもの）である。見かけ上、実質的な関心（例えば「基準を上げる」という課題を通して）もまたあるようではあるが。

このシステムを通して「生産されている」学校と親たち（もしくは、繰り返すが、生徒たち）の間の関係性は、以前述べたように、基本的に経済的なものである。究極的には政府が学校の提供する公共サービスの「質」に関する説明責任を持ちうるのであるから、「説明責任の環」の中での保護者と生徒の役割は、間接的でしかない。しかし後者の関係性は、政府によって支給されるサービスの質に対して「投票」はできるが、支給されていることの全体の方向性や内容において民主的な発言権を持たない顧客として市民を位置づける点において、それ自体、非政治的な関係性である——もし支給というのがそもそも適切な概念であるならばの話だが。

新自由主義の政府は市民を公共サービスの消費者として位置づける傾向にあるのに対して、ポールソン（Poulson, 1998）は一九八〇年代と一九九〇年代初頭に行なわれた、教育における親の見解と選択に関する研究で、明らかに「親たちは自分たち自身のことを消費者として見ていないし、教育を製品だとも見ていない」ということを発見したと報告している（Poulson 1998, p.420）。しかしヒューズら（Hughes et al. 1994）によって行なわれた研究は「イングランドの小学校の子どもの親たちが、研究途中にも、ますます自分たちを消費者として同定し始めている」ことを明らかにした（Poulson 1998, p.420）。同じように、ジェワーツ（Gewirtz 2002）は説明責任の言説が、校長たちにどのように内面化され、根本的に彼らの専門的な自己認識とアイデンティティを変化させたかを記録している。両方の例は、説明責任の文化が特定の種類の関係性や、これらの関係性のなかで特定のアイデンティティを生み出していることを示している。

説明責任か応答責任か？

説明責任への経営的アプローチの高まりという前述した再構築は、この高まりが孤立した現象ではなく、政治的関係性と政治的なものの領域それ自体が経済的な関係性によって置き換えられてきているように思われる社会変容の一部であることを示している。政府が主張する説明責任への権利は、教育のような公共サービスに政府が行なう財政的な投資から生じているようだという点において、説明責任の現在の様式の基盤は、経済的なものであるように思われる。一見、そこには説明責任のより民主的な「面」のための機会――すなわち、教育の「消費者」としての親や生徒と「提供者」としての学校との間の関係性――があるように見えるけれども、これらの陣営の間に説明責任の直接的な関係性はなく、間接的なものしかないということを私は述べてきた。親と生徒が果たしうる唯一の役割は、教育的な提供物の消費者の役割であって、そこに教育についてのいかなる公共的かつ民主的な言説にも参加する機会は存在しない。オニールは、困難な状況を以下のように説明している。

> 理論的には、説明責任と監査の新しい文化は、専門家と制度を公衆に対してより説明責任のあるものにする。これは、おそらくは成績一覧表における達成目標や達成レベルを公表することによってなされたり、公衆のメンバーが専門家や制度の失敗への補償を求めることができる不服申請手続きを確立することによってなされたりする。しかし公衆に対する説明責任のこの見せかけの狙いを基礎としながらも、真の要求は、監査者、政府の部門、資金提供者、法律基準に対する説明責任である。新しい形の説明責任は、中央集権の形――きわめてしばしば、実際に、中

央集権の一連の異なった、相互に矛盾する形——を押しつける（O'Neill 2002, p.4）。

問題は、多くの人が、説明責任の文化に第一のこと（すなわち、公衆に対して説明可能であること）を行なうことを望んでいる一方で、実際には、第二のこと（例えば、監査者に対して説明可能であること）を行なっており、それによって真の利害関係者を「説明責任の環」の外へ追い出していることだ。この点において現在の技術—経営的な説明責任へのアプローチは、人々の間に経済的関係性を生み出し、民主的関係性を、不可能ではないにせよ、困難なものにする。

このことが、学校や他の制度での日々の実践に与える影響は、むしろ諸制度が、説明責任や監査の要求に適応するようにであって、その逆ではない。オニールをもう一度引用してみよう。

> 理論的には再び、説明責任と監査の新しい文化は、専門家と制度をよいパフォーマンスに関してより説明責任のあるものにする。これは改善や基準の向上、効率の増加と最善の実践、患者や児童や被雇用者への敬意というレトリックの中で明らかである。しかしこの賞賛すべきレトリックの陰に隠れて、本当の焦点は、それらがパフォーマンスの質が何なのかを正確に測るからというのではなくて、むしろ測定と統制の容易さのために選ばれたパフォーマンスの指標に当てられている（O'Neill 2002, pp.4-5）。

オニールは、説明責任の文化の誘因は、けっして非現実的ではないと指摘する。しかしそれらが引き出そうとしていることは、説明責任が専門的かつ応答的行動への励みとして作用することよりもむしろ説明責任システムに適合する振舞い――調査官や品質保証に責任を負っている人たちに適合する振舞い――である。皮肉にも、このことは公共サービスの「消費者」にとって有害な状況へと簡単に帰結しうる。もし、例えば、学校が高い試験得点の報酬を受けるのならば、学校は徐々に「やる気のある」保護者と「できる」生徒を引きつけようとばかりして、「困難な生徒」を締め出そうとするだろう。究極には、もはや学校が生徒のために何をすることができるかということが問題ではなくなり、生徒が学校のために何ができるかということが問題となる状況に帰結する（Apple 2000, p.235 参照）。

前述の分析をまとめると、説明責任の現在の文化は非常に問題があるということにしかにならない。説明責任は、全ての重要な関係性を経済用語で再定義する非政治的で反民主主義的な戦略であり、それ故にそれらを内容的な関係性よりもむしろ形式的な関係性とみなす。このことは、私がこれまで示してきたように、政府と市民の間の関係性と、政府と教育施設の間の関係性の両方に当てはまる。結果として、保護者も生徒も、直接学校や政府の責任を問う機会なしに、経済的関係性――そのなかで彼らが「教育」と呼ばれる支給品の消費者であるという関係性――へと巧みに引きずり込まれる。最終的には、我々は、システムや施設や個人的な人々が説明責任の論理の命令に自らを適応させる状況へと取り残される。その結果、説明責任は、他の目的を達成するための手段というよりもむしろ、それ自体が目的になる。

ミドルクラスの不安

説明責任の現在の文化が問題であるという結論は、もちろん、新しいものではない。だがしかし、私は、なぜ、どのようにこれが問題なのかに、新しい光を当てたのではないかと思う。しかし十分な分析が重要である一方で、現実的で緊急の問題は、この状況を抜け出す方法があるのかどうかである。説明責任の現在の体制の代替案はあるのか？　説明責任の現在の文化に抵抗する方法はあるのか？　この問いに答える前に、私はさらにひとつの問題を取り上げたい。その問題とは、説明責任の文化がどのようにしてかくも卓越し普及することができたのか、という問題と関係している。なぜ人々は説明責任を信じるのか？　そしてなぜ人々はそれに積極的に投資するのか？

イギリスの教育における説明責任の成功の一つの理由は、私が「ミドルクラスの不安」と呼びたい現象とおそらく関係している――この現象は、このメカニズムが作動しているイギリスの文脈のなかだけに存在するものではないかもしれないが。イギリスの教育システムには、いわゆるパブリックスクール（授業料を払う学校もしくは独立した学校とも呼ばれる――しかしながら後者の考え方は、もちろん実際には依存していることを覆い隠している）と公立学校の間には深い裂け目がある。外側からみると、パブリックスクールは、平均的には、一般に就職市場でよりよい出発点にあり、より高い地位の高等教育にアクセスできる、より高い試験の得点を取る生徒を「生産する」のに成功しているかのように見える。多くのミドルクラスの親たちはパブリックスクールの文化――彼らはそれを「黄金基準」と認識しているのだが――を熱望しており、彼らは子どもたちが不利な立場になったり、締め出されたりすることをのぞまない。まさにこの理由のために、彼らは公立学校における「基準向上」という政府の課題、それに伴う検査体制、つまり中央集権と説明責任を、喜んで積極的に支持するのだ。しかし彼らは、パブリックスクールの成功には、学校の「質」とともに、パブリックスクールの生徒や彼らの親の社会資本や文化資本とが同じく関係している、ということを忘れている。

説明責任の文化が可能になってきたさらなる理由は、親と生徒が、もし彼らが自分たちを教育との関連において消費者として位置づけるなら、彼らは教育に対して真の力を得るだろう、と実際に信じているかもしれないという事実のなかにある。私が例証しようと試みたように、これは現在の状況には当てはまらない。なぜならば、教育の「消費者」と「提供者」の間には直接的な説明責任は存在しないからである。国家は教育を中央で管理し、保護者と生徒を意思決定の環の外側に置き去りにしている。

三つ目の理由は、説明責任の二つの異なった意味の間にある「クイックスイッチ」というチャールトンの概念と関連している。説明責任は応答責任と関係があると想定されているので、説明責任に反対する議論を行なうことは、無責任な行動への賛成論のように見えるかもしれないので、困難となってきている。しかし説明責任――もしくは、より簡潔に言えば、説明責任の現在の文化――と応答責任の間のつながりとは何だろうか？　次の項では、私はジグムント・バウマンの研究を詳しく見てみたい。それは、応答責任に関する彼の考えを特に強調することで、どの程度説明責任と応答責任が結びつけられるのか、どのように我々は、説明責任と応答責任の間の新しい結合を達成しうるのかについて考えるためである。

我々の応答責任に責任をもつこと

バウマンの研究は倫理学と道徳性の間の明確な区別に依拠している。道徳性は「『正しいこと』と『間違っていること』の間で区別をするときに用いられる人間の思考や感情や行動の方向性と関連している（Bauman 1993, p.4）。他方、倫理学は、規則、コード、規範に関係するものである。それは、何を道徳的な行動とみなすのかの法令集、すなわち（普遍的な）法による法令集である。倫理学という考えに含意されているのは、そのような法を明確にすることが可能であるという想定だけではない。倫理学はまた、何が、道徳的な生活、すなわち道徳的な法に従う生活に導くのか、に関する特別な信念も表現している（Bauman 1998, p.75を参照）。この見解は、道徳的な生活が、規範、コード、法の手ほどきなしに、正しいことと間違っていることの間で選択する生活と見なされる、という見解と鋭い対照をなしている。

バウマンは、モダニティを倫理学の時代、すなわち、何が道徳的行為とみなされるかを明確にしたり、定義したり、コード化したりすることが可能であると仮定されている／いた時代である、と特徴づけている。モダニティの道徳的な思想や実践は、――彼は書いているが――、「両義性も行き詰まりもないコードの可能性を信じることによって命が吹き込まれた」（Bauman 1993 p.9 強調は原文）。簡潔に言えば、バウマンが明白にポストモダンと見なしたのは、まさにこの可能性への不信である。ここでの「ポスト」とは、年代記的な意味、すなわち、モダニティが終ったり色あせたりする瞬間にモダニティと入れ替わったり取って代わったりするという意味、を表しているのではない。それはむしろ、「モダニティの長く真剣な努力が誤った方向へ導かれ、間違った要求のもとで企てられてきた」ということや「（まだ証明されていないとしても）……その不可能性を証明するのはモダニティそれ自身である」ということ（Bauman1993, p.10）を含意することを表しているのだ。したがって、バウマンにとって、ポストモダンは、倫理学の終焉を意味している。しかし、このことは全ての道徳性の終焉を意味するのではなく、「コード化された道徳性」の終わりだけを意味しているのだ、とみることが重要である。このことは道徳性が「救われた」ことを意味しない。バウマンは（モダンの）倫理学の終焉が（ポストモダンの）道徳性への可能性に開かれているのだと主張するのみである。しかしポストモダンの時代がモダンの時代よりも実際により道徳的であろうという保証はまったく無い。それは一つのチャンスでしかないのであって、それ以上の何ものでもない（例えば Bauman 1998, p.109を参照）。彼は書いているが、「ポストモダニティという時間が歴史の中で道徳性の黄昏として落ちぶれるのか、ルネサンスになるのかは、まだわからない」（Bauman1993, p.3）。

ポストモダンの道徳性についてのバウマンの表現における中心的概念は、「応答責任」という考えである。バウマンは、応答責任こそがおよそポストモダンの道徳性であるという主張を支える幅広い議論を提供している。しかし、最も説得力のある論議は、たぶん、ルールに従うことは――それがどんなに誠実であれ――、応答責任を引き受けることから我々を免責していないし、今後もそうであろう、という議論のなかに見られるだろう。我々は、なんらかの（倫理的な）ルールに従うことが行なうべき正しいことであるのか、あるいはあったのか、いつも自問しうるし、他者からも問われうる――そして我々はその問いに対する結論的な答えをけっして手にすることはないだろう。そしてまさにこれこそポストモダニズムが我々に示すものである。すなわち、道徳的選択は、実際に選択であり、そして道徳的ジレンマは実際にジレンマであり、「人間の弱さ、無知、誤りの一時的で訂正可能な結果」（Bauman1993, p.32）ではないのだ。ポストモダン的世界とは――バウマンは主張するのだが――「ミステリーが、国外退去命令を待ちながらかろうじて許容されている異邦人ではない」世界なのだ（1993, p.33 強調は原文）。それは我々が「まだ説明されていないだけではなく、（我々がこれから何かを知るということについて我々は知っているけれども）説明不可能な出来事や行動と共に」生きることを学ぶ世界なのだ（Bauman 1993）。

ある者は言うであろう――そしてこれはポストモダニティとポストモダニズムの全ての批評の著作物（Biesta 2005c を参照）の中で循環するテーマなのだが――ポストモダンが偶発性や曖昧さを受け入れることは、道徳性の終焉を暗示しており、まさに人間の共生自体への深刻な脅威を引き起こす、と。しかしながらバウマンは、明らかに反対の見解をとっている。彼はポストモダン的な世界の「再魔術化」は、世界に対する人間の道徳的能力を再承認するチャンスをもたらすと主張している。結果として世界が必ずしもよりよくなったり、より快適になるとは限らない。「しかしそのことは、明らかに立法するのに失敗してきたタフで復元力のある人間の性向と折り合いをつけ、そこからスタートするチャンスを生み出すだろう」(Bauman 1993, p.34)。このようにバウマンの説明は、なぜ応答責任がポストモダンの「状況」下で可能かつ必要なのかを明らかにしている。それが可能なのは、ポストモダニティが普遍的な道徳のコード、より具体的にはモダニティのコード化された理性的な倫理学の可能性への信頼を捨てているからである。しかしながら、応答責任が必要になるのは、まさにこの理由からだ。このことは我々が実際どのように応答責任を理解すべきであるのか、という問いを提起する。

応答責任と道徳的自律性

応答責任についてのバウマンの理解にアプローチするひとつの道は、彼にとって応答責任を持つ(responsible)のはひとりの個人のみである、ということだ。道徳性をコード化しようと試みるさいの問題は、道徳的な「我」が単に「倫理的な『我々』の単数形」と見なされることであり、「この倫理的な『我々』の中で、『我』は『彼/彼女』と交換可能であるということである」と彼は主張する(Bauman 1993, p.47)。しかし道徳的関係性において「『我』と『他者』は交換不可能であり、ゆえに『足し算して』複数形の『我々』にすることはできない」(Bauman 1993, p.50)。エマニュエル・レヴィナスの著作を参照しつつ、バウマンは道徳的関係性とは応答責任の関係性だと主張している。何が契約上の関係性から道徳的関係性を区別するかと言えば、応答責任は互恵的ではないということだ。バウマンは、私が他者に対して応答責任を持つのは、他者が私に対して応答責任を持っている、持つことになる、あるいは持ってきたという理由からではないと主張する。他者への応答責任――そう言ってよいならば、本物の応答責任――は一方的であるし、互恵的ではなく、入れ替えることはできないのだ。

私の他者に対する応答責任はいつもすでに「そこ」にあるのだ。応答責任を引き受けるか引き受けないかという私の決定に従うようなものは、応答責任ではないのだ。「いまここでこの他者に対して応答責任を引き受けないでいることの不可能性こそが、私の道徳的能力を構成するのだ」（Bauman 1993, p.53。強調は原文）とバウマンは強調する。とはいえ、皆が実際に応答責任を持っているというわけではない。しかしポイントは、応答責任を引き受けないようにするためには、我々は、何かを「忘却」しなければならないということだ。

良心の咎めにとりつかれていない状態を手に入れることは、なるほど、極めて容易である。事実、我々は皆、その状態を手に入れるし、大部分の時間、その状態の中にいる。しかし、その「大部分の時間」我々は、道徳的行動の王国から外に出て、他人のプライバシーを尊重するといった単純なルールのように、コード化されており、ゆえに学習可能でわかりやすい動作を経験しながら、しきたりと礼儀作法が作用しているところに入り込むのだ。もっとも、我々は、残りの時間、道徳的に責任を問われる状況のなかにおり、そのことは、我々が我々でいるということを意味しているのだが（Bauman 1993, pp.53-54, n.19 強調は原文）。

ルールは普遍的である一方、応答責任はそのまさにその「本性」からして、非普遍的で、単独で、唯一無二である。同様に、道徳性は「局地的、交換不可能に非合理的――計算不能という意味において――である」（Bauman 1993, p.60）。「道徳的呼びかけ」はむしろ徹底して個人的である。つまりそれは私の応答責任に訴える。そしてそのことは「私が考える以前に私は道徳的である」（Bauman 1993, p.61 強調は原文）ということを意味する。したがって、それは、人が他者に対して応答責任を引き受けるかどうかを選択できるということではない。むしろ、バウマンは、他者に対して応答責任的であることは、我々人間の条件、すなわち「道徳的応答責任――人が他者と共に存在することができる以前に他者のために存在すること――は自己の最初の現実である」（Bauman 1993, p.13 強調は原文）と考えている。

道徳性、近接性そしてモダニティ

ここまでの分析は、応答責任をその用語自体において真剣に受け止めようとしており、我々の応答責任に対して応答責任をとるよう我々を駆り立てるポストモダンの道徳哲学のアウトラインを提供している。しかしながら、バウマンの研究で興味深いことは、応答責任があるということが何を意味するのかを理解するための異なる方法を我々に提供するだけではなく、彼がどの程度の応答責任が、実際に我々の社会において可能かという（社会学的）問いにも取り組んでいることだ。この議論の中心的考えは、レヴィナスの近接性という概念である。レヴィナスにとって道徳性とは、二者間――二者以上ではない――の関係性と関連している。バウマンは適切にも「二人の道徳的な当事者」のことを語っている。レヴィナスは近接性の概念によって道徳的関係性の独特の質を表現している。しかしながら、近接性とは、物理的な近さについてのことではない。それは距離を縮めることを指しているのではなく「距離の廃止」（Bauman 1993, p.87）として理解されるべきである。しかし、この廃止は行動ではない。近接性とはどちらかと言えば「注意」や「待機」のようなものだ。このように見れば、我々は、近接性が道徳的状況にいること、そして道徳的自己であることという状態を表している、と言うことができるだろう。それは同時に道徳的状況の具体的な質を表し、そして道徳性が可能になるかもしれず、「生起する」かもしれない条件のような何かを表している。

道徳性は二人の道徳的当事者に存在するだけなので、第三の人物がその場面に入ってくると状況は劇的に変わる。これは「社会」が現れる時である。今や「素朴な、ルール化されていない、規則に従わない道徳的な衝動では――それは『道徳的な当事者』の必要かつ十分条件――もはや十分ではない」（Bauman 1993, p.112）。社会は「規範、法律、倫理的ルール、そして正義の法廷」を必要とする（Bauman 1993, p.114）。バウマンは基本的にこの必要性を損失として見なしている。「客観性、すなわち三人目という贈り物は、道徳的なパートナーたちをつき動かした愛情への、致命的な、そして少なくとも潜在的には最後の一撃をもたらす」(Bauman 1993, p.114)。「他者」は今や「多数」の中に溶け、そして溶けるべき最初のものはレヴィナスが「顔」と呼んでいるもの、すなわち他者の他者性であり、ゆえに道徳性、すなわち「その他者性への応答責任」である(Bauman 1993, p.130)。この状況では、我々は助けを必要とする。そしてその助けの名前は、バウマンに従えば、「社会」である(p.116)。しかし社会は、その助けを二つの異なった方法で提供する。あるいは、別の言い方をすれば、社会は異なった二つのプロセスで「構成されている」――バウマンはそれらを社会化と社会性と呼ぶ――そしてその両方は、道徳性がもはや不可能な時に、異なった方法で「助け」をさしのべる(この文脈での「社会化」という言葉のバウマンによる使用は、私が第1章で紹介してきた方法とは異なることに注意)。社会化と社会性は、道徳的な衝動という「事実」への社会の二つの異なる反応として最もよく理解されるかもしれない。その反応とは、より具体的には、この衝動の自発性と予期不可能性への反応だ。社会化は、社会に構造をもたらすため、あるいは社会を構造と見なすために、道徳的衝動を飼いならす試みである(Bauman 1993, p.123)。バウマンは「道徳的衝動の破壊的で脱統制的な影響」が社会によって無力化されうる、そしてまた実際に(近代)社会によって無力化されてきた三つの方法を識別する。

これらの一つ目は「行為の二極――『行為』者と『受難』者――の間には近接性はなく、距離があるのだと納得させること」によるものだ(Bauman 1993, p.125 強調は原文)。それは、言い換えれば、「道徳的限界の範囲を越えた行動の影響を取り去ること」である(Bauman 1993)。この状況では、行為者たちは、長い鎖の単なる一つの輪に過ぎなくなり、次の環だけを統制するための能力を理解したり持ったりする。つまり彼らは究極的かつ全般的ねらいを知ることも統制することもできないのだ。そのような状況では、行為者の道徳的能力は、今や全体的なねらいや成果に口出しすることは妨げられ、プロセスの効率性に奉仕するように配置される。道徳的焦点は、言い換えれば、「仲間への忠実さ」――「協同するための規律や自発性を再強化する」発展（Bauman 1993, p.114）――へとシフトする（Bauman 1993, p.126）が、同時に応答責任を抑圧する。二つ目の「編成」は、ある「他者たち」を「道徳的応答責任の潜在的な対象となるランク」から免除することから構成されている（p.125）――バウマンが脱人間化と呼んでいるプロセスだ。ここで起きていることは、「行為を受け取る側」にいる人々が、道徳的主体である能力を否定され、「かくして、行為の意図や効果に対して道徳的に問題にすることを許されない」（p.127）ということである。三つ目の「編成」は、もはやそれが（潜在的に）道徳的自己であると思われないように、行為の対象を一連の「特性」に分解することに関わっている。この場合、行動は、全体としての人にではなく、特定の特性を狙ったものとなる――この結果として、その全体的な人との出会いは起こりそうもないものになる。

バウマンは、これらの「編成」が道徳性をより困難にしたり、道徳性を消し去るために展開されてきた、あるいは展開されうる単なる戦略ではないことを強調する――それらはそのように使われうるのではあるが。それらはまた社会化の単なる「効果」、つまり社会をより構造化し、より組織化し、より秩序化するよう試みた「効果」にすぎない。これらの編成は不道徳な行動を促進はしないし、そしてその点では「中立である」と呼ばれうるだろうが、それらは良い行動を促進しもしない。それらはむしろ社会的行動を道徳的に「その場限りのもの」に、すなわち、道徳的に無関心にするということだ。社会化の全般的な効果はバウマンが道徳的衝動の「脱理性化」として描写したことだ（p.119）。

他方で、社会性のプロセスは、道徳的衝動を「脱美学化すること」に帰結する。社会性とは、ある意味で、社会化ではない全てのものである。社会性は「固有性を規制性の上にそして崇高なものを理性的なものの上に置くので、ゆえに一般的にはルールに対して不寛容である」（Bauman 1993, p.119）。このプロセスは道徳性の脱理性化の危険性をまったく引き起こさないが、社会性は近接性に対して異なる脅威を引き起こす。社会性、すなわち「自発性の祝福」の主たるポイントは、諸個人を、バウマンが「群衆」と呼ぶものへと結びつけるということだ。「群衆」とは諸個人が単に「行ない」「存在する」状況である。それは「決めなくてよいし不安定でもないという安楽」をもたらす（Bauman 1993, p.132）。そういう理由から、「群衆」の中では応答責任への問いは絶対に生じないであろう。バウマンは両方のプロセスが同じ結果になること――すなわち、それらは両方とも他律性――ルールの他律性あるいは群衆の他律性――の状況を生じさせ、それらが道徳的自己の自律性に取って代わる、ということを示している。「社会の社会化も群衆の社会性も……両方とも道徳的独立を許容しない。両方とも従順――一つは設計による従順、もう一方は怠慢による従順――を探究し、手に入れる」（p.132）。

道徳性に関するモダニティの主たる傾向は社会化の傾向であったと言うことができるという点で、ある意味で、我々は一周して元に戻ってきた。バウマンにとって、結局のところ、モダニティとは倫理学の時代、すなわち、コード化され、構造化され、規制化された道徳性の時代である／あった。この点でバウマンはまた、モダニティの道徳的な診断書――あるいは近代の道徳の診断書――を提供している。そのなかで彼は、社会化（構造化し、秩序づけ、そして操作する社会のより包括的な試み）のプロセスが、いかに近接性を、それゆえに応答責任をますます困難にしたかを示している。バウマンの分析は社会化の効果に強調を置いたのではあるが、我々は、バウマンの著作から、社会化という強い縛りから道徳性を救い出すプロセスとして社会性を考えるべきではないと推察することもできる。社会性は、社会的生活のもうひとつの危険な極として、つまり道徳性へのもう一つの脅威として現れる。

バウマンの全般的な結論は、しかしながら、やや楽観的である。彼は、道徳性が近代的生活の条件下で困難にはなってきたが、不可能にはなっていないということを繰り返し主張している。バウマンは、幸運にも「道徳的判断力」つまり「道徳的な衝動の究極的な刺激と道徳的応答責任の根――美学化されただけであって、切断されてきたわけではない」と主張する（p.249 強調は原文）。彼は明らかに彼の希望や信念を、道徳的判断力が休眠状態なだけであって、原則として、目覚めさせられうるという可能性に置いている。判断力とは「人間性の唯一の証明書であり希望である」（Bauman 1993）と示唆することは、近代の精神を「ばかげた」ものと思わせるかもしれない。しかし、それは、少なくともコード化された道徳性の非道徳性と多数派の規範の不道徳性の両方を暴露することができる我々が持っている唯一の可能性であるように思われる。「我々には、我々の掛け金を、弱々しく、孤独ではあるが、邪悪なことをしろという命令に従わないために応答責任を浸透させることができるその分別に置く、というわずかな選択肢しかない」(p.250)。

結論

本章で、私は説明責任の現在の文化がどのように関係性に影響を与えてきたかという問いに焦点をあててきた。私が描きたい一つ目の結論は次のことである。すなわち、説明責任の文化は、説明責任が関係性を経済用語で再定義するという政治的な関係性への脅威を引き起こすということだ。結果として、説明責任の関係性は形式的な関係性になる。そこでは、過去一〇年の間に最も空虚で乱用された言葉である「質」が、内容やねらいに関係するよりもむしろ、プロセスや手順に限定されるようになっている。関係性の脱政治化が、国家とその市民の間の関係性においても、国家と教育的機関との間の関係性においても、ともに問題になっているのだ。

この変化は、学校や教師と、保護者や生徒の間の関係性にも影響してきた。彼らは、同様に、彼らの関係性を経済用語において考える方が楽な立場に巧みに引き込まれてきた。「方が楽な」という言葉を使うことで、私は、「提供者」と「消費者」がこの種の考えに押し込められてきた、と示唆することを避けている。作用しているメカニズムはより微かなものであり、最も「便利」で最も「普通」

な考え方と行ない方であると錯覚してしまうことと関係している。流れに逆らって進むのは、最も障害物の少ない道を選ぶよりも、常に多くの努力と信念を必要とする。

この再定義のプロセスの効果の一つは、学校や教師と保護者や生徒の間の関係性の脱政治化であった。そこでは、彼らの相互作用は、教育の共通善についての問い（「我々は、ひとつのコミュニティとして、その共同体のためにいったい何を達成したいのか？」）よりもむしろ、第一に、提供するものの「質」（例えば、他の提供者と比較して、あるいは学校別成績一覧表の結果）やお金の個人的価値についての問い（「私の子どもはこの学校から最善のものを得ているのか」）に焦点化されている。「ミドルクラス」願望――と私は述べてきたが――は、この関係性の脱政治化において問題となっているメカニズムのひとつかもしれない。これは、まったくもって不運である。なぜなら学校や教育機関のローカルなレベルでは真の民主主義的な可能性があり、真の民主主義的な説明責任のための機会さえ存在するからだ。

このプロセスのさらなる効果は、学校や教師と保護者や生徒の間の関係性の脱専門化であった。教師と教育機関は、彼らが顧客と上手くやっていかなければならず、顧客のニーズに合わせなければならないという立場に巧みに引き込まれてきた。結果として、彼らにとって、彼らの専門的判断を活用することが、もし学習者の外面上の「ニーズ」に反するならば、ますます困難になってきた。同様に、保護者と生徒は、巧みに消費者の立場に引き込まれる。そのような立場では、彼らにとって、教育者や教育機関の専門性を頼り、究極的には信頼することがより困難になる。

これらの変化の軌跡のなかに残されているように思える唯一の民主主義的な選択肢は、保護者と生徒が国家に説明を求めることができる間接的なアプローチである。問題は、しかしながら、説明責任の文化の下では、国家は、説明責任を負うのを、公共サービスの配給の「質」の点においてだけにとどめて欲しいと思うのであり、政治的な点、ましてや民主主義的な点においてではない。教師と教育機関の立場は、このあらゆる点で、より問題を孕んだものでさえある。なぜなら、彼らは罠にはまって方程式を提供する側にされてしまったからだ。保護者と生徒は、まだ、国家が提供するものの消費者として振る舞うことができるという事実に基づいて、声を上げることができる。教師と教育機関はそのような消費の力を持っていないし、結果として、経済的な方程式のなかで、彼らの声を上げるためのどんな根拠も持っているようには思えない。彼らにとっての明らかな選択肢は、もちろん、彼らの専門的な声を上げることだろう。しかしこの声は、説明責任の文化の下では、以前のようにうまくいくかが疑わしくなってきている。

避けがたい結論なのだが、教育的な風景のなかで、説明責任の文化は、関係性を劇的に変化させてきており、そしてまさに当のプロセスによって、関係している諸集団のアイデンティティと自己の知覚を変化させてきている。このすべてにおいて、私が示唆してきたように、強力な心理学的なメカニズムが作動している。教育的に提供される物の消費者の役割を担うことによって、保護者と生徒は抗うことが難しいかもしれない力の感覚を持ちうる。もちろん、私は、保護者と生徒が単に教育的専門家の判断に従属すべきであると示唆しているわけでないし、ましてや、教育機関の官僚的な気まぐれに従属すべきであると示唆しているわけではない。しかし説明責任の文化は、保護者や生徒と教育者や教育機関との間の関係性を、相互的で、互恵的で、民主主義的な関係性――つまり共通する教育善への関心を分かち合うことに基づいた関係性――へと発展させることを極めて困難にしてきた。

バウマンの研究が重要なのは、まさにこの点においてだ。バウマンの研究は、まず第一に、ポストモダニズムが応答責任を掘り崩すものと見られるべきではなく、むしろ応答責任が必要にもなり、かつ真の可能性にもなるような状況と見られるべきだ、ということを例証している。倫理的ルールやシステムの可能性に関するポストモダンの疑念は、応答責任の始まりであり、その終わりではない。第二に、バウマンは、我々に応答責任をとることを迫る。バウマンは、我々に、応答責任の可能性が、各自に個人的に依存していることを認めるように迫る。第三に、バウマンの研究は、我々の社会の中で道徳的衝動が現れることがなぜかくも困難なのかを理解するのにきわめて役立つ、と私は信じている。これが社会化と社会性に関する彼の議論の主たる意義である。一方で、彼はどのように社会化が道徳的衝動を窒息させるかを示している。しかしまさに同時に、社会性が社会化によって持ち上がる問題の「解決策」ではない、と彼は主張する、なぜならそれは近接性を究極的に不可能にするからだ。

これを背景として、私は説明責任の文化が応答責任に対して深刻な脅威を引き起こすという結論に向かいたい。説明責任は我々がどのように応答責任を理解するかについての単なるもうひとつの言説ではないし、応答責任のもうひとつの定義や応答責任を操作可能にするものでもない。説明責任の文化は近接性の可能性への深刻な脅威を引き起こす。道徳的衝動が中和されうる三つの方法についてのバウマンの説明は、説明責任の文化によって引き起こされるミクロな関係性についての驚くべき正確な説明を提供する。それは、説明責任への技術的・管理的なアプローチは、応答責任が中心となるようなアプローチとは決して和解しえない、ということを明らかにする。

これらの熟考からなんらかの前向きな論点が生まれるだろうか？　ポストモダン倫理学のレンズを通して説明責任の文化を眺めることで手に入れられる最も重要な教訓は、この文化がどのように近接性の可能性への脅威を引き起こすのかを理解することである、と私は言いたい。この点において、近接性はロマンティックな概念ではないと認識することが重要である。バウマンの主張は、社会が問題であるとか、共同体が解決法であるとかいうことではない。近接性とは、別の言い方をすれば、「社会性」ではない。近接性とは身体的な近さではない。つまりそれは距離を縮めることを言っているのではない。近接性とは、注意と待機に関係している。近接性とは繰り返し「達成され」なければならない何かであり、そして、思いやりを持ったり待ったりする等々という我々自身の個人的な努力や関わりに決定的に依存する何かである。それは、道徳的な自己であることの困難と、応答責任が生じるかもしれない条件である道徳的状況としての道徳的状況の質の両方を鮮明にする。

私は、これが単なる個人的な仕事ではないことを強調したい。つまり、それは、もし我々が喜んで、応答責任とは教育的な関係性を形づくる本質的な構成要素なのだと見るならば、専門的な仕事でもある。究極的に、我々の関係性を応答責任に基づいて再定義することは、説明責任の政治的次元——我々は政治的ということを共通の関心があること（国家社会）への応答責任を引き受けることとして理解することができる——を取り戻し、再生する道にもなるかもしれない。結局、政治的な応答責任を取るというのは、まさに我々に直接的には利益の無いことに、そしてまったく利益がないかもしれないことにさえ応答責任を取ることなのである。

第4章　中断の教育学

第1章で私はよい教育についての問いに取り組むための枠組みのアウトラインを示してきた。その枠組みには、私が資格化、社会化、主体化として述べてきた教育の三つの機能の間の区別が伴っている。これらの区別を強調することで私がねらっているのは、教育が実際に作動している、異なる「領域」を示すことのみではない。資格化、社会化、主体化を教育の三つのありうるねらいとして見ることができることも私は提起してきた。三つの考えの間の区別は、したがって、分析的かつ計画的であることをも意味している。それは教育者たちが自らの実践を分析する助けになるし、彼らが自らの活動のねらいや目的についてより精緻に議論する助けにもなりうる。同時にそれは、教育をこれらの諸領域のひとつのみに焦点化するための意思決定が、実際には他の次元には注意を払わないという意思決定を含んでいることを明らかにすることができる（このことはもちろん、他の領域に何の「効果」もないということを意味しない)。私が第1章で論じなかった一つの論点は、資格化、社会化、主体化の間での意味ある区別を実際にすることが可能なのかどうかである。本章で私は、この一つの面に焦点をあてる。すなわち、社会化と主体化の間での意味ある区別をすることがなお可能なのかどうか、という問いである。私が、このように問いを提起する理由は、過去にこの区別がなされてきた方法が問題になっているという事実と関係している。本章で私は、なぜそうなのかを示すことを試みるだけではなく、より理論的なレベルにおいても、そして私が「中断の教育学」と呼んでいるものの点からも、この苦境に対して可能な答えを示すつもりである。

中断の教育学

自著『学びを超えて(*Beyond Learning*)』(Biesta 2006a)の終わりのあたりで、私は中断の教育学に賛意を唱えている。一見すると、教育学は中断すべきであり、教師はなんらかの仕方で彼らの生徒(の活動)をさえぎることに関与すべきだ、と主張することは奇妙に思えるかもしれない。教師たちの仕事は彼らの生徒たちを支援すること、彼らの学習を促進すること、彼らができる最善のことを彼らが達成するよう保障すること等々ではないのか？　そう問おうと思えば問えるだろう。中断の教育学を要請することは、教育において重要なあらゆることに逆行してはいないのか？　これらの問いに対する私の答えは簡単である。つまり「それは場合による」である。それは、まずなによりも、我々が教育を何だと考え、どのようなものであるべきだと考えるかによる。私が第1章で示してきたように、「教育」とは重層的であり、多面的な概念である。一方でそれは、学校教育や子どもたちが親から受ける教育のような、特別な実践を表すために用いられる。他方で、それはそのような実践やそれらの成果を判定するために用いられる。例えば、今日では学校はあまりに多くの試験に照準を当てているので、もはや適切な教育を提供していない、と我々が言うときなどがそうである。しかし、このことはさらなる問いを生む。なぜなら何が「よい」教育、「効果的な」教育、もしくは「成功した」教育であるかについて判断するときに、我々は、教育が何のためかという見解に依拠しているからだ。このことは、もし我々が実際に教育に何を期待しているのかについてはっきりしていないならば、教育の質について判断できない、ということを意味している。こういう理由で、私が第1章でより詳細に議論してきたように、教育の異なる機能や目的の間での区別をすることは重要なのだ。

ある者は学校が資格化にのみ関与すべきだと主張し、またある者は教育が社会化において重要な役割を担うと主張するだろうが、私は、教育と呼ぶからには、主体化があらゆる教育の本質的な構成要素であるべきだという立場を取る。このことは、教育がなんらかの仕方で教育される人々の主体化に常に影響を与えるという事実に言及する経験的な言明を意味するだけではない。もし教育が社会化だけに焦点化するのであれば――つまり、「新参者」が既存の社会・文化的、政治的な秩序にはめ込まれるときに、彼らがなんらかの仕方でそのような秩序からの独立も手に入れるという筋道に教育がなんの関心も無いならば、教育は非教育的になるという確信を表わす規範的な言明をも意味している。言い換えれば、教育は常に、人間の自由にも関心を持つべきであるということであり、これは、私が、教育の主体化の次元の重要性を強調することの背景となっている。

中断の教育学という考えは、教育の全ての次元をカバーすることを意図するのではなく、とりわけ主体化に焦点をあてている。これがなぜそうなのかを説明するために、私は、次に、近代の教育のルーツの簡単な再構築から始めるつもりだ。その目的は、主体化が教育の中で重要であるべきだという考えの歴史の意味を提供することだけではない。それはまた主体性を理解する特殊近代的な様式がどのように問題にされてきたのか、そしてなぜこのことが哲学的な問題のみでなく、そしておそらく何よりもまず、教育的な問題なのかを私が示すことのできる背景を提供することでもある。そして、私は、この背景に照らして人間的な主体性の問いに、異なった方法で取り組むためのねらいという一連の考えを提示する。これによって、逆に、私は、中断の教育学の中で何が問題になっているのかを明らかにすることができるだろう。

近代教育の始まりと終わり

適切な教育的関心もしくは興味としての、そして社会化とは違う何かとしての主体化の理念には、特別な、近代の歴史——啓蒙へとさかのぼることができる歴史——がある。この歴史での鍵となる人物はイマニュエル・カントである。これはカントが特定の、主体化についての近代的な観念を発明したからという理由よりも——とはいえ、彼がそうしたのはもちろんだが——何よりもまず、カントの著作は、回顧的に、近代教育の発展のための重要な参照点になってきたという理由からである。自律、合理性、批判性のような概念——人間の主体性に「投資する」ことをねらう教育の全ての特質——は啓蒙と教育に関するカントの著作へと容易にさかのぼることができる。

カントは、啓蒙を、「彼［ママ］が招いた未成年状態からの」人間の解放であると定義し、そして未成年状態を、人間に「他人の指導なしに彼［ママ］の悟性を用いる」能力がないこと、と定義した（Kant 1992 [1784], p.90〔岩波文庫版、七頁〕）。哲学的には、「理性的自律」というカントの概念の最も重要な側面——理性に基づいた自律——は、彼がこれを偶発的な歴史的可能性として考えるのではなく、そのかわりに、それを人間的自然に本来備わっている目的（telos）であった何ものかと見なしたということだ。これが理由で、彼は、啓蒙における進歩を妨げることが「人間の本性に対する犯罪」になると主張する（Kant 1992 [1784], p.93〔同前、一四頁〕）。教育的には、カントの思想の最も重要な側面は、「自由に考える傾向」は教育を通してのみ引き起こされうるだろう、という彼の主張のなかに見ることができる（Kant 1982, p.710 を参照〔一七頁〕）。カントは人間を「教育されねばならない唯一の被造物である」と書いただけではない（p.697〔一一頁〕）。彼はまた、人間は唯一「教育を通して」のみ人間——つまり、他者からの指導なしに彼の悟性を用いる存在（それを我々は理性的自律的な存在と呼んでもよい）——になることができるとも主張した（p.699〔一五頁〕）。

かくして、カントとともに、教育の理論的根拠は「自己を動機づけ、自己を指導するようになる生来的な潜在性を持つある種の主体」という理念に基づけられるようになり、他方、教育の仕事が「主体が完全に自律的になり、そして自分たちの個人的で意図的な行為主体を発揮することができるようになるために」この潜在性を引き出したり、解放したりすることになった（Usher and Edwards 1994, p.24-25）。カントの教育的介入について最も重要なことは――そして、だからこそ、我々は、彼の仕事が近代教育の始まりのしるしとなると言いうるのだが――、彼が、教育と人間的自由の間のつながりを確立したことである。カントは他律的決定と自己決定の間に区別を設けることによって、そして教育は究極的には前者ではなくて、後者と関係があると主張することによって、人間の自由に関する問いを近代教育の中心問題にした。したがってある意味で、社会化と主体化の間で区別することが可能になったのは、カント以降のみであった。

この方法においてカントの議論は、教育思想と教育実践にまったく新しい王国を開いた――そして教育とは単に教え込みや訓練についてのことではなく、自由、独立、自律への方向付けを含意するという考えが、近代教育の中心教義であり続けてきた――一方で、この幕開けはそれが始まろうとするまさにその手前で閉じられた。このことは、二つの関連する流れに沿って生じた。それは、何よりもまず第一に、カント派の枠組みの中には人間であることが何を意味するのかの定義がたった一つしかなかったことに原因がある。カントにおいて、理性の使用を基準とした自律性が人間性の標識になった――そのことは、子どもも含めて、理性的でないもしくはまだ理性的になっていないと考えられる人々を「困難な」立場に置き去りにした。それはまた、啓蒙の達成が、偶発的な歴史的可能性と見なされたのではなく、私が示してきたように、人間の目的（roles）の中にしっかりと根を張った何ものかであると見なされたことが原因となっている。このことが意味するのは、近代教育が人間の運命についての特定の真理に基礎づけられるようになったということである。

長い間、近代教育の基礎づけのカント的表現に伴っていた閉鎖は気づかれなかった。この理由は部分的には、人間とは究極的には自律のために戦う理性的な存在である、という根底にある信念への広範に及ぶ支持が存在したからである。これは、結局のところ、まさに、フランス、ドイツ、そしてスコットランドの啓蒙の「論点」であった。しかし、もっと重要なことは、近代教育の基礎づけであるカントの表現における閉鎖もまた気づかれなかったということだ。というのも、人間存在の目的（*telos*）についてのこの定義から排除された人々――理性的でない、もしくはまだ理性的になっていないと考えられていた（子どもたちのような）人々――が彼ら自身の排除に対する抵抗の声を欠いていたからである。そして彼らがこの声を欠いているのは、まさしく、人間であるということが何を意味するのかについての特定の定義のためである。言い換えれば、彼らは、話すことさえできず、あるいは話す能力があると認められることさえなく、排除されていた。（Rancière,1995, Biesta, 近刊[a]、第6章も参照のこと）。

ヒューマニズム

哲学的に、近代の教育プロジェクトが正式に開始された方法について何が問題であるかを暴露する一つの方法は、ヒューマニズムの基盤に焦点を当てることによるものである。私は「ヒューマニズム」を、ここでは、言葉の、特殊な、哲学的な意味で、すなわち、人間の本質や本性を知ったり表現したりすることは可能であり、そしてまたこの認識をそれに続く行動のための基礎として用いることが可能であるという概念として使用する——例えば、教育の領域においても、政治の領域においても。エマニュエル・レヴィナスはそのようなヒューマニズムの形式を、「『人（Man）』と名づけられた不変の本質の認識」を伴うものとして、すなわち、「現実（the Real）のエコノミーの中での人間（Man）の中心的な地位の肯定やあらゆる価値を［産み出す］人間（Man）の価値の肯定」を伴うものとして特徴づけた（Levinas 1990, p.277〔三六七頁〕）。この特殊な意味において我々は、近代教育のカント派の「枠組み」を、それが人間の本性や運命についての特定の真理に基づいているという点でヒューマニズム的であると特徴づけることができる。このことはカントが人間の主体性という自然主義的な発想を表明したということを示すものではない（これについての有益な議論は Leverty 2009 を参照）。しかし彼の研究は「ヒューマニズム」についてのレヴィナス的な意味での教育へのヒューマニズム的アプローチのための、まさに重要な参照点になった。

二〇世紀哲学においてヒューマニズムは基本的に二つの理由から挑戦を受けてきた。一方でヒューマニズムの可能性について問いが立てられてきた。例えば人間にとっての彼ら自身の本質や起源を定義するための可能性についてである。フーコーとデリダはともに、私たち自身の本質や起源を捉えようとすることの不可能性——「人の終焉」もしくは「主体の死」として知られるようになった不可能性——を示してきた（Foucault 1970 または Derrida 1982 も参照）。他方でヒューマニズムの望ましさについて問いが立てられてきた。この流れは特にハイデガーやレヴィナスによって発展させられてきた（より詳しくは、Biesta 2006a を参照、または Derrida 1982, pp.109-136〔一九九～二三七頁〕を参照）。レヴィナスによれば「我々の社会におけるヒューマニズムの危機」は「最近の歴史での非人間的な出来事」で始まった（Levinas 1990, p.279〔三七三頁〕）。しかしレヴィナスにとって我々のヒューマニズムの危機は単にそのようなものとしての非ヒューマニズムの中に位置づけられるのではなく、なによりもまず、ヒューマニズムがそのような非ヒューマニズムに効果的に対抗することに無力であることの中に、そしてまた二〇世紀の非ヒューマニズムの多く――「一九一四年の大戦、スターリニズムによって自ら否定されたロシア革命、ファシズム、ヒトラー主義、一九三九～四五年の大戦、核爆弾投下、途切れることのない大量殺戮と戦争」（p.279〔三七三頁〕）――は人間であるということが何を意味するのかについての特定の定義によって実際に基礎づけられ動機づけられていたという事実の中に位置づけられている。だからこそ、レヴィナスは――ハイデガーを念頭に置いたフレーズでもって――「十分に人間的なものではないという理由で……ヒューマニズムが告発されねばならない」と結論づけたのである（Levinas 1981, p.128 強調は Biesta が追加〔一九五頁〕）。

ヒューマニズムのこの形式で問題なのは、それが「人間性（humanness）」のひとつの基準、つまり人間であるとは何を意味するのかの基準を想定するということ、そしてそうすることによってこの基準についていかないもしくはついていけない人々を排除するということだ――そして二一世紀の夜明けにおいて、このことが単に理論的な可能性ではないことは明らかである。しかしこのポイントは、単に一般的かつ哲学的なものではない。つまりそれはまた重要な教育的な帰結をともなう。教育的な観点からすれば、ヒューマニズムのこの形式で問題になるのは、それが、人間性の「実例」の実際の明示の前に、人間であるとは何を意味するのかについての基準を明記するということである。それは、子どもや生徒や新参者が何にならなければならないのかを、彼らが何者であり、何者になり得るのかを示す機会を彼らに与える前に、明記している。したがって、ヒューマニズムのこの形式は、新参者が人間であるとは何を意味するのかについての我々の理解を根本的に変えるかもしれない、という可能性を閉ざしているように思われる。その結末とは、そのとき、教育は（再び）社会化の形式になるということだ。というのもこの特定の枠組みの範囲では、それぞれの「新参者」は——多かれ少なかれ「成功した」——すでに明示されそしてすでに前もって知られている、もしくは特徴づけられている本質の実例として見られうるのみであるからだ。

我々が、社会化のレンズを通して教育を見る限りでは、もちろんこのすべては、実のところ問題ではない。しかしながら、カントは次のような観念を我々に遺してきたので、ここでは依然として重要なのである。すなわちその観念とは、教育と社会化の間での意味のある区別をすることが、可能であるかもしれない——そしてある意味、可能であるべきだというもの、つまり、既存の秩序にはめ込むことを目指している教育と自由を目指している教育の間の区別は可能であるべきだ、というものである。もし我々がこの区別に、つまり、フーコーが極めて適切に、啓蒙の「自由の無限定な作用（undefined work of freedom）」（Foucault 1984, p.46〔二一〇頁〕）と言い表してきたことに同意するならば、社会化から教育を、理論的にも実践的にも区別し得る方法について再考すること、そしてさらにいえば、そもそもこれらの諸問題を引き起こした哲学的枠づけに我々を引き戻さない方法で、それを行なうことは重要になる。

世界への参入――現前、複数性そして独自性

研究のなかで、私は二組の概念の組み合わせを通してこの課題に対応してきた。一方で私は、ある特定の種類の主体性の生産としての――我々が教育者としてある特定の人間、例えば合理的な自立した人間を生み出すプロセスとしての――教育という概念を、次の問いに置き換えてきた。すなわち、我々がどのようにして独自の個人として「出現」するのか、そして、より正確には我々がどのように複数性と差異の世界のなかに出現するのかという問いに。「出現すること（coming into presence）」という概念は、人間の主体性と主体化への教育的関心をはっきり示してはいるが、それはひな型なしで、例えば人間として存在し、実存することが何を意味するのかについての予め定義された概念なしでそうしているのだ。したがって、それは人間の主体性と主体化というヒューマニズム的な決定を克服しようとしている。「出現すること」へと焦点を移すことは、子ども中心の教育や生徒中心の教育の形式への類似性を生む。しかし子ども中心の教育や生徒中心の教育の極端な形式は、出現するものは何であれ誰であれ単純に受け入れていたのに対して、私は何が、そして誰が出現するのかについて判断する必要性を強調する。私の唯一のポイントは、この判断は出現する出来事の後《・・》に

行なわれるべきであって前にではない、ということだ。当然、これにはリスクが伴うが、ここでの問題は、このリスクをなくすべきかどうかではない。そうではなくて問題は、新たなヒトラーや新たなポルポトが存在するようになることを防ぐために、新たなマザー・テレサや新たなキング牧師や新たなネルソン・マンデラが出現する可能性を我々が同様に失うべきかどうかということだ。それはわかりきったことである――そしてまたもちろん凄まじく複雑でもある。

上でアウトラインを示した課題に応答するために私が使用してきたもう一つの概念は、「独自性(uniqueness)」という考えである。「独自性」という考えは、ヒューマニズムを克服する一つの方法である。なぜなら、もし、個々人がある意味でユニークであることに賛同するなら、もはや我々は、人間であることが何を意味するのかについてのある基底的な定義に我々の個性を還元することができないからだ。同時に、主体化のことを「独自性」という言葉で考えることができるなら、我々は教育を社会化から区別する一つの方法を見つけ出したことになるだろう。なぜならば社会化とは常に、我々がどのようにより広い、包括的な「秩序」の一部であるかに関することであるが、それに対して独自性は、我々がどれほどそれらの秩序とは違うのかを表現しているからである。したがって、「出現すること」そして「独自性」は、近代のヒューマニズムの課題に対する私の応答における二つの中心的な基本概念なのだ。しかし、もちろん、これらの構想を仮定するだけでは十分ではない。したがって今私は手短に、両方の考えを私がどのように理解し、それらがどのように結びついており、それらが教育者の応答責任のために何を含意し、そして、これが逆に、どのように中断の教育学の考えへと導くかについて輪郭を示すつもりである。

「出現すること」から「世界への参入」へ

「出現する」という概念を発展させるために有益であると私に気づかせた研究の一人の著者はハンナ・アーレント、特に活動的な生活——vita activa（Arendt 1958〔『人間の条件』ちくま学芸文庫、一九九四〕）についての彼女の分析である。アーレントは活動的生活の三つの様式、つまり労働（labor）、制作（work）そして行為（action）の間で区別を行なった。労働とは人間の身体の生物的なプロセスに対応した活動である。それは生命を維持するための必要性に由来しており、専ら生命の維持に焦点化されている。その努力は生命を持続させるために永続的に更新されなければならない。このことは、労働が永続的なものを何も創造しないことを意味する。他方、制作は、人間が積極的に自らの環境を変え、これを通して、耐久性によって特徴づけられる世界を創造する方法と関係している。活動のこの様式においては、人間は——“animal laborans”（労働する動物）としてよりも“homo fabar”（工作人）として——人間の生活が展開する安定した文脈を建設する存在である。労働と制作は手段や必要性、そして活動にとって外的なねらいや目的に関係している一方で、行為（action）——vita activa の第三の様式なのだが——は、それ自体が目的であり、そしてその定義となる質は自由である。

アーレントにとって、行為すること（to act）は、何よりも創始する（イニシアチブをとる）こと、すなわち、何か新しいことを始めることを意味している。アーレントは人間を始まり（initium）、つまり

「始めることであり始める者」（beginning and a beginner）」と特徴づけている（Arendt 1977, p.170〔二二二頁〕強調は Biesta が追加）。彼女は、我々一人ひとりを独自にするのは、以前に行なわれていない何かを行なうための我々の潜在能力だ、と主張している。アーレントは行為を誕生という事実と比較する。というのも、一人ひとりの誕生によって「新しいユニークなもの」が世界に持ち込まれる（Arendt 1958, p.178〔二八九頁〕）。しかし、何か新しいものが世界に持ち込まれるのは、誕生の瞬間だけではない。我々は継続的に、我々の言動を通して世界の中に新しい始まりを持ち込んでいる。アーレントとって、行為は自由と密接に結びついている。しかしながら、彼女は、自由を意志の現象として、つまり、我々が選択したことは何でも行なう自由として理解すべきではないと強調する。そうではなくて、「以前に存在しなかった何かを生み出す」自由として考えるべきだと強調する（Arendt 1977, p.151〔二〇四頁〕）。主権としての自由と始まりとしての自由の間の微妙な違いが大きな違いを生む。主要な含意は、自由が「内的な感情」もしくは私的な経験ではなくて、必然的に、公的なしたがって政治的現象であることだ。「政治の存在理由（レゾンデートル）は自由であり、自由が経験される場は行為だ」とアーレントは書いている（p.146〔一九七頁〕）。アーレントが繰り返し強調するのは、自由はそれを実現するための「公的空間」を必要とするということである（p.149〔二〇〇頁〕）。さらには、自由は行為のなかにのみ存在している。つまり、人間は、――「自由への天分を所有すること」とは区別されて――行為の前でも後でもなく、行為する限りにおいて自由であるということを意味している（p.153〔二〇六頁〕）。このことが提起する問題は、自由がどのように現れうるか、ということである。

この問いに答えるために「始まり」とは、行為していることの半分に過ぎない、ということを見ておくことが極めて重要である。我々が、言動を通して我々の「まったく異なった独自性」を明るみに出すことは真実ではあるが、すべては他者が我々の創始をどのように受け入れるかにかかっている。この理由をアーレントは次のように書いている。すなわち、行為主体とは作者や生産者ではなく、言葉の二重の意味において主体――つまり行為を始める人であり、他方でその結果に苦しんだりさらされたりする人――である（Arendt 1958, p.184 を参照。〔二九九頁〕）（これが、私が「個性化」のような概念よりも「主体性」や「主体化」という概念を好む理由である）。結局、我々の行為のための「能力」――ゆえに我々の自由――は、他者が我々の始まりをどう受け入れるかに決定的に依存しているのだ。しかしながら、「問題」は、他者が我々の創始に対して、予期できない仕方で応答することにある。このことが我々の始まりを挫折させるのだが、アーレントが繰り返し強調するのは、「行為者が自分の行為の唯一の主人たりえないということ」は、まさに同時に、そのもとで我々の始まりが世界に参入できる条件――そして唯一の条件――である、ということだ（p.244〔三八一頁〕）。我々はもちろん他者が我々の始まりに応答する方法を統制しようとすることはできる。しかし、もし我々がそのようにするつもりであれば、我々は他者から彼らが始める機会を奪うことになるだろう。我々は彼らから行為の機会を奪うことになるだろうし、それゆえに我々は彼らから自由を奪うことになるだろう。したがって、行為は孤立したなかではありえない。アーレントは「孤立させられることは行為する能力を奪われることである」とまで言っている（p.188〔二〇四頁〕）。このことはまたアーレント学派の語感において、行為は複数性なしでは決してありえないということを意味している。我々が複数性を消去するやいなや――すなわち我々が、我々の創始に他者がどのように応答するのかを統制しようとすることによって他者の他者性を消去するやいなや――我々は他者から彼らの行為や彼らの自由を奪い、そして結果として我々自身から我々の行為する可能性を奪い、そしてそれゆえに我々の自由を奪うことになる。これらはすべて、アーレントの「複数性は人間の行為の条件である」という命題に表現されている（p.8〔二〇頁〕）。このことは、しかしながら、経験的命題として読まれるべきではなくむしろアーレントの哲学の規範的な核として読まれるべきである。というのも、彼女の研究は、すべての者が行為し、出現し、そして自由である機会を持っている世界に深く関わっているからである。

思考のこの流れの重要な含意は、公共圏、つまり「自由が出現できる」圏域が物理的な用語において理解されるべきではなく――それは必ずしも、例えば、通りやショッピングモールとは一致しない――、人間の相互行為の特別な質を象徴するということだ。公共圏で言い表しているのは次のことである。すなわち「共に行為し、共に語ることから生まれる人々の組織、そしてこのポリスの真の空間は、たまたまどこにいるかということとは無関係に共に行為し、共に語るということの目的のために共生している人々の間にうまれる。この空間は、言葉の最も広い意味での出現の空間である。すなわち、私が他人の目に現れ、他人が私の目に現れる空間であり、人々が単に生物や無生物のように存在するのではなく、その外形をはっきりと示す空間である」（Arendt 1958, p.198-199〔三二〇頁〕）。このことは「我々の手の制作がつくりあげる空間と違って」、すなわち、制作を通して創造される空間とは違って、「それはこの空間を生み出している運動が続いている間だけしか存続せず……活動それ自体が消滅したり、妨げられたりしても消え失せる」（p.199〔三二一頁〕）ということを意味する。

アーレントの「行為」概念は、人間が出現する――出現し続ける――方法の理解を伴っている。その理解とは、なんらかの前社会的なアイデンティティの表現についての理解ではなく、我々とは似ていない他者に住まわれているひとつの世界の複雑性に我々が関わる方法と関係した理解である。したがって、我々の自由や主体性は、複数性の網の外側には見つけられない。それらは、そのなかにしか存在しない。かくして、アーレントは、主体化――それは続行していて、決して終らないプロセスである――とは獲得したり喪失したりするプロセスであり、もし我々が世界にもたらすもののいくつかを失うリスクを犯したくないなら、我々は決して我々の自由や主体性を得ることはできないだろう、ということを我々に示してくれる。したがって、我々が存在できるのは、複数性の網に関わるときのみである。なぜ主体化が困難なプロセスなのかをこのことが説明している。しかしこのことは我々が克服しようとしたり、廃止しようとしたりすべき困難ではない。「出現すること」という概念が、個人の側で起こることを大いに強調するのに対して、おそらく、常に、「出現すること」を「世界への参入」――この「世界」は複数性と差異の世界を表す――のプロセスとして考える方がよいのではないだろうか。

独自性

「独自性」という概念、特に、我々は、行為を通して自らの「はっきり異なった独自性」を明らかにするという彼女の主張は、私がアーレントから借用した諸概念の中でも重要な役割を演じる。これは、私が示してきたように、もし我々が、喜んで我々の始まりが我々の意図したこととは異なる方法で受け取られるというリスクを犯すならば、そのときのみこの独自性を明らかにすることができるということを含意している。アーレントの見解で重要なのは、彼女が「独自性」という概念を我々が他者と共に実存するという特別なあり方と関連づけていることに見られるように、我々が独自性の問いに関係的、政治的、そして実存論的な用語でアプローチする際にそれらの見解が役立つということだ。しかし行為を通して人のはっきりと異なった独自性を明らかにするという考え方は、いまだに、主体の特性や性質によって独自性を理解するというリスクを犯している——そうすると、我々が持っている（*have*）ないしは所有している（*posess*）もので独自性を考えることになるだろう。（それは、別な言い方をすれば、独自性の問いをアイデンティティの問いへと変えることになるだろう）。独自性のこの理解の仕方にはいくつもの問題がある。一つはもし我々が独自性を我々の持つ特性で考えるならば、我々はそのような特性の運び手であるはずの基底的な「土台」（哲学者たちはそう呼ぶだろうが）が存在することを想定しなければならない。このことは我々を基底的な人間的本質という概念へと再び接近させ、そしてヒューマニズムを我々の思考に連れ戻す。しかしながら、私の見解のなかではより重要な二つ目の問題が存在する。このことは、もし我々が他者といかに異なっているかを明瞭にするためだけに他者と関わるならば、ある意味で、我々の他者との関係性の中には何の「賭け」も無い、という事実と関連している。あるいは、言い換えれば、我々は彼らとどのように違うのか――私のアイデンティティはどのように独自なのか――を見つけ出し明らかにするためだけに他者を「必要とする」。いったんこのことが明らかになると、我々は、もはや他人を必要としないだろう。我々の他者との関係性はしたがって道具的なままだろう。

私がこれらの論点を考え抜き、独自性の概念にアプローチするオルタナティヴな方法を明らかにするのにもっとも手助けとなった哲学者はエマニュエル・レヴィナスである。私がレヴィナスの研究で最も重要だと思ったのは、彼が人間存在の独自性についての新しい理論を生み出したことではなく、その代わりに、独自性についての異なった問いを導入したことだ。何が我々各々を独自にするのか――それは特質や所有物についての問いである――を問うかわりにレヴィナスは、私が独自であること、すなわち私が私であり、他の者ではないということがいつ問題になるのかを問うことで独自性の問いにアプローチしてきた。この問いへのレヴィナスの答えは、手短に言えば、私の独自性が問題になるのは、私が他の誰かに置き換えられえない状況、つまり、私がそこにいるのであり、単に誰でもよい誰かではないという状況の中においてである。「差異としての独自性」と「置き換え不可能性としての独自性」の間での区別を理解するのに役立つ方法は、アルフォンソ・リンギス（Alfonso Lingis レヴィナスの著作を英訳した人物）の短いテキストの中に見いだすことができる。そのテキストは『何も共有していない者たちの共同体』（Lingis 1994）という名である。私にリンギスの主張を手短に再構成させて欲しい。

「共同体」は、しばしば共通の何かを持っている多数の個人によって構成されるとものとして理解されるとリンギスは主張する。この種の共同体の特別な例は、リンギスが「合理的な共同体」として定義しているものだ。合理的な共同体では「個人の洞察力は、その洞察を最初に行なった人のイマ・ココという指標から引き離されたような、普遍的なカテゴリーによって定式化される」（Lingis 1994, p.110〔一四四頁〕）。合理的な共同体のメンバーシップは人々に声を与える。それは彼らに話すことを可能にするが、しかしそれは合理的共同体のメンバーシップの資格（capacity）においての発話である。このことは、彼らがこの資格においてそれを通して話す声が、代理の声であるということを意味する。我々が、医者、電気技師、航空パイロット等々に期待するのは、彼らがその代理人である共同体の合理的な談話のルールや原理に従って彼らが話すことである。しかしながら、このことは、彼らが話すときに問題になるのは何が話されているかだ、ということを意味する。しかし、それがどのように話されているか、そして、より重要なことに、誰がそれを話しているのかということは、言われている（そして行なわれている）ことが「意味をもつ」限りにおいては重要ではない。このことは、今度は、我々がこの資格において話すとき、我々は自分自身の声で話すのではなく、我々が代理している共同体の共通の声で話す、ということを意味する。我々がこの資格において話すとき、我々は、したがって、相互交換可能である。このことは、逆に、我々の独自性は重要ではなく、問題にされていない、ということを意味する。

教育は、合理的共同体の生産や再生産において重要な役割を担っている。資格化や社会化を通して、学校や他の教育機関は、それらの生徒に声を——そしてしばしば多数の異なる声を提供する。しかしこれらの声はすべて代理的な声だ。それらは生徒に特定の共同体、伝統、言説、実践等々の代理人として話すことを可能にする。しかしもしそうであるならば、ある人自身の声で話すということは何を意味するのだろうか？　合理的共同体の拘束の外側で話すことは何を意味するのだろうか？

この問いへの答えを展開するために、リンギスはコミュニケーションについて二つの「極限事例」を論議している。一つは、我々が、いわば、コミュニケーションの「終点」にいるケースであり、もう一つは、我々が始点にいるというケースだ。両方とも我々の代わりに話してくれる「台本」をあてにできない状況の例である。最初のケースは、我々が死にゆく誰かとともにいるような状況である。そのような状況では、的確な言葉を見つけることはとても難しい。どんな言葉も、ある意味で、空虚であるかもしくは馬鹿げた響きさえもつ。しかしそのような状況であなたが何を言うかはたいした問題ではない。そのような状況で何よりもまず問題になるのは、あなたが何かを言うということであり、より重要なことには、あなたが何かを言うということだ。その状況は、あなたにそこにいることを訴えかけるひとつの状況であり、そしてこの状況でまさにあなたができないことは、ふと立ち去ったり、あなたに代わる誰かを送り込んだりすることである。あなたはいわば、「選び出されている」のだ、それゆえに、代理の声を通してではなく、応答すること、すなわち、独自な応答を発明すること、あなた自身の独自の声で話すことは、あなたにかかっているのだ。これはまたリンギスが挙げた、共有言語が発生するまさにその前に母親が自分の幼い子どもとコミュニケーションしようとするという二つ目の例にも当てはまる。ここでも、母親は合理的共同体の借り物の、代理の声を使って子どもと話すことはできない。なぜなら、そう言って差し支えなければ、子どもはまだこの共同体に入っていないからだ。したがってこの状況で、母親に要求されるのは、状況の特異性に立ち会うこと、そして彼女自身の、独自な方法で応答することである。その時「これらの終わりと始まりの状況で」語っているのはいったい何者なのか（Lingis 1994, p.117〔一五二～一五三頁〕）？リンギスに従えばそれは「合理的精神としての、すなわち普遍的理性の代理としての自我」ではなく、「人間（earthling）としての物質性を備えた誰か」である（p.117〔一五三頁〕）。

リンギスの議論は、我々が話すことの実質的な量は、代理的な声、すなわち、我々の社会、文化、職業等々によって与えられる声と関係づけられている。そのような談話は重要ではあるのだが、リンギスが主張しようとしたのは、話すことのこの方法は、決して我々の独自性に「到達」できないということである。それは、一種の、相互交換可能な社会的役割のレベルでの談話である。我々が合理的な共同体の外側、つまり共同性によって構成されている共同体の外側に行った時にだけ、我々自身の声によって話す機会が生じる。ここでは我々はもはや共通な何かを持つ共同体の中にはいない。つまり、我々は共通な何かを何も持たない人々の共同体の一部なのだ——そしてまさにこの状況が、我々の独自の、特異な声を要求する。この声は、リンギスの例が示唆するように、むしろ話す方法ではない。それは何よりももまず応答の方法である。ある意味で、我々がいる状況によって「要求される」――レヴィナスが提示しようとしたように、他者の顔によって要求される――応答責任を引き受ける方法なのだ。他の誰かが我々に代わってこの応答責任を引き受けることはありえない。もし我々が死にかけている人とともにいて、言葉が見つからないなら、その解決法は、話をするために専門家を呼んでくることではない――その唯一の「解決法」は、その状況にとどまり続けることである。そして我々が子どもと一緒にいて、合理的共同体によって構成されるどんなコミュニケーションよりも以前にあるとき、我々の代わりを務めることのできる専門家はこの世には存在しない。やはり、我々自身の独自の方法で我々は応答しなければならない。リンギスが示しているのは、したがって、我々が避けることができない応答責任によって――もしくは単に責任能力の無い状態の代償として――独自性が構成される方法なのだ。そのことが、レヴィナスが応答責任とは「主体性の本質的で、第一義的で、基本的な構造である」と述べた時にまさに心に描いていたことなのだ（Levinas 1985, p.95〔原田訳 一三四頁〕）。それは我々の独自性はまさにそのような状況において問題になるのであり、したがって我々がより包括的な秩序の見本としてよりもむしろ独自の単一の主体として構成されていると言われうるのは、まさにそのような状況において――前でも後でもなく――である。

独自性についてのこの探究に加えるべきひとつの最後のポイントがある。それは合理的な共同体と「他の」共同体、すなわち何ら共通性を持たない人々の共同体とは、二つの区別された共同体として理解されるべきではないし、ましてや我々が選択できる二つの選択肢として理解されるべきではない。我々は最初にどんな種類の共同体を持ちたいのかを決めて、それからそのままそれを実体化することができるわけではない。これには二つの理由がある。第一の理由は、我々が合理的な共同体なしではやっていけない、というものだ。それらは我々にとって重要な役割を果たすし、我々はそのような共同体の構築と再構築において重要な役割を果たす――そして、私が示唆してきたように、教育はこの中で重要な役割を演じる。二つ目の理由は、「他の」共同体は、どんな意味においても、産出されうる共同体ではないということだ。他の共同体は、我々が他者に晒されているとわかった瞬間に、つまり、我々が「避けられないもの」に晒されているとわかったその時ごとに実存するのだ（Lingis 1994, p.111〔一四八頁〕）。我々が晒されているとわかるということは、他者についての我々の知識から生まれる何かではないし、他者についての知識や、その知識の結果として他者に責任を負うようになるという我々の決定に基づいた何かではない。他の共同体は、関係性の他の一つのセットとして、つまり我々が「他者と共に存在すること」の他の様式として、時々、合理的な共同体のはたらきの中断として存在するのみである。他の共同体は「幾度となく姿を現し……その分身として、あるいはその影として、合理的共同体を攪乱する」（p.10〔一八頁〕）。それは合理的な共同体の「内側に」に、存在を強いられうる可能性としてではなく不断の可能性として住みついている。結局のところ、我々が、すべての人が応答的になるべきである、あるいは応答的に行為すべきであると言ったとたんに、我々は「他の」共同体を合理的な共同体に変換してしまうだろう。

中断の教育学において何が問題なのか?

リンギスとレヴィナスは我々が独自性を異なった仕方で——我々があること（being）と関係する何かとしてではなく、実存（existence）と関係する何かとして——理解するのを助けはするが、彼らの見解はなんらかの教育的プログラムには結びついていない。彼らの見解は、我々に独自な諸個人を生み出すための指針を与えていない。この理由は、独自性とは生み出されうる何かではないからだ。すなわち、それは特定の教育的な介入もしくは特定の教育学の保証された成果になりうる何かではないのだ。しかし独自性は生み出されえないが、独自性が現れないのを確実にしたり、現れるチャンスがないのを確実にしたりするのはむしろ容易である。それが生じるのは、我々が、生徒を、他者性や差異とのいかなる出会いや、彼らの「正常な」存在の仕方をさえぎるかもしれず、応答可能な反応を生じさせるかもしれないいかなる出会いからも遠ざけるときである。これは生徒に影響を与え、彼らをさえぎり、困らせるかもしれないことを彼らから免除するときである（Masschelein and Simons 2004 も参照）。

もし我々が教育的な応答責任を、独自の個性を持った存在を出現させるための応答責任と見るならば——そして本章で私はなぜこうして教育的応答責任を明確にすることが重要なのかを明らかにしようとしてきたが——この応答責任は、何を差し置いても「新参者」が存在するようになることができる空間や場所という特定の「現実の」質のための応答責任である。それは、アーレント的な意味では、人間的な行為と人間的な自由の条件である複数性のための応答責任である。もし我々がこの複数性を閉じてしまうならば、もし我々が世界を合理的な共同体もしくは合理的な共同体の集合にしてしまうならば、我々は依然として新参者が声を獲得できる多くの方法を持つだろうが、しかしこれらの声のどれも独自ではないだろう——それらはすべて単に代理的なものだろう。中断の教育学は、従って、「正常な」秩序への中断の可能性を開き続けることを狙う教育学である。それは何よりもまず中断の可能性に関与する教育学であり、そしておそらく、それ自身、中断しようとする教育学でもある（Biesta 2006a 第5章も参照）。かくして、中断の教育学はその居場所を主体化の領域に持つのであって、資格化や社会化の領域にではない——それはそれらの領域をも「貫いて」作用するかもしれないけれども。中断の教育学は「強い」教育学ではない。つまりそれはどんな意味においてもその「成果」を保証しうる教育学ではないのだ。それはむしろ、主体化の問いに向き合っている教育の基本的な弱さを承認する教育学である。教育のこの存在論的な弱さは、まさに同時にその実存的な強さである。なぜなら、独自性が世界に表れるための空間が開くかもしれないのは、人間の主体化がある方法で教育的に生み出されうるという理念を我々が諦めたときだけだからである。これが、中断の教育学において賭けられているものなのだ。

第5章 デューイ以降の民主主義と教育

本章と次章で私は、どのようによい教育についての議論を民主主義の概念に結びつけることができるのかという問いに焦点をあてる。本章の議論で参照するのは、「民主主義と教育――問題の未来について」と題されたユルゲン・エルカースによる論文である（Oelkers 2000）。この論文でエルカースは、民主的な社会における教育の役割に関心がある人々のための興味深く重要な課題を設定している。その課題は、彼が「デューイ以降の『民主的教育』の理論」と呼んでいるものだ（p.3, 強調は原文）。エルカースは、民主主義と教育の間の関係性について、デューイの見解と重なるいくつかの問題を確認している。しかしながら、主要な論争点の骨格は、民主主義を生活の一様式――「共同生活の一様式、連帯的な共同経験の一様式」（Dewey 1985 [1916], p.93〔一四二頁〕）――として見るべきであって、必ずしも第一義的にあるいはもっぱら統治の一様式と見るべきではない、というデューイの主張にあるように思われる。ここから、デューイは、学校と社会が両方とも民主的に組織されうる――そしてデューイの見解では組織されるべき――生活の様式であることにおいては両者に質的な違いはない、と提案するに至るのである。その違いは程度の違いにすぎない。ゆえに、デューイは、学校を「萌芽的社会」と考える。これに対してエルカースは、民主主義と教育の間でもっと距離を保ちたいと考えており、学校は社会ではなく、もしくは社会は学校ではないということを強調している。そこでの問いは、どのように民主的な教育が「民主主義の原理を遂行」でき、同時に「教育の要求に応えうる」のかということだ（Oelkers 2000, p.15）。この章で私は、この課題に応えるつもりだ。

「民主主義と教育」再訪

エルカースは民主主義とは「単なる生活の一様式としては定義されえないし、教育はその単なる相関物ではあり得ない」と主張する（2000, p.5 強調は原文）。彼は、民主主義と教育を、互いの上に単純に重ねることができない質的に異なった領域であると見ている。民主主義とは、学校の枠内で可能であることを越えてうまくいく相互作用やコミュニケーションの様式を必要とする「政治的にコントロールされた変化のプロセスであり、社会的に参加者全員が関与するやりとり」である（Oelkers 2000 強調は原文）。エルカースは民主的なやりとりや意思決定が学習を伴うことは否定しないが、そのような「終わりなき」学習のプロセスは、我々が学校に期待している学習と同じではないと考える。したがって彼は、学校教育という視点から、「教育を社会的経験や経験的学習に縮減することは支持できない」、なぜなら「教育の決定的な局面は、主体に関係づけられた学習、すなわち、標準が個人化されるように、第三者の知識や能力が自分自身の経験に変換される点を意味している」からである、と結論づける（pp.15-16）。ここでは、この種の学習が民主主義にとって重要ではないと言おうとしているのではなく、民主的なコミュニケーションや集団的な意思決定それ自体に関連して生じる学習とは異なると言おうとしているのだ。したがってエルカースは、学校は社会ではないし、社会は学校ではないとも言えるという理由から、基本的に「萌芽的社会」（p.16）としての学校というデューイの概念を拒否する。

これによるとデューイによる民主主義と教育の特別なつなげ方は不適格とみなされるかもしれないが、一方で、民主主義と教育を結合することが正確には何を意味するのかという問いは残されたままとなる（Oelkers 2000, p.5を参照）。エルカースに従えば「未来のための理論的挑戦」とは、学校と社会の間には「たった一つだけの」関係性、すなわち「小さいものと大きいもの」（p.16）という関係がある、とのデューイの見解を超えていくことである。もしくはより正確に言えば、仮に学校は社会ではなく社会は学校ではないと認めるならば、問題は、民主的な教育がどのようにして「民主主義の原理を遂行」でき、同時に、「教育の要求に応えうる」のか、ということだ（p.15）。この問いの背後にある困難を例示するために、エルカースは、第五代シカゴ大学学長（1929-1945）であるメイナード・ハッチンスの見解について議論する。彼は、一九三〇年代に、学生にシティズン（市民）としての将来的な役割を準備する人文主義的な大学のカリキュラムを提唱した（p.13）。エルカースは、このカリキュラムが効果的であるためには、それは交渉の余地が無いもの、例えば、「修正できないもの」（p.13）として、そしてより重要なことには、民主的な修正ができないものとして見られなければならない、というハッチンスの主張を強調する。その要点は、カリキュラムが民主的論争や交渉に開かれるやいなや、「個々別々の、個人的な興味へと雲散霧消してしまうだろう」（p.13）ということだ。そのような状況では「皆は、彼／彼女が必要な教育を選ぶだろうが、しかし彼らは教育されないだろうし……そして真の教育が要求する標準には決して服さないだろう」（p.13 強調は原文）。

カリキュラムの教育的価値は提供されている知識の本質的な質にある――それはリベラルな教育の特定の諸形態においては中心的役割を演じる見解である（Biesta 2002 を参照）――と我々が仮定する限りにおいてハッチンスの議論は意味をなすかもしれないが、我々がそれをカリキュラムの政治学というレンズを通して見るとき、その議論は一層維持することが困難になる（Apple 1979 を参照）。エルカースが認めるように、与えられたカリキュラムは常に特定の関心の表現なのである――そのことが意味するのは、どんな所与のカリキュラムにおいても、ある関心はその他の関心よりも常により良く提供されるということである。「多文化的で、開かれており、急激に分解する社会」（Oelkers 2000, p.14）では、これがますます可視化されるようになるだけではない。そのような社会においては、異なった諸グループが、カリキュラムのなかの彼ら自身の「分け前」への要求、つまり彼ら自身の関心や観点を代表する分け前への要求を出すこともより一層ありうるだろう。しかしまさにここにおいて、民主的教育にとって問題が生じるのである。なぜならば、もし我々が教育を完全に特定の関心にゆだねるならば、教育がそれでもなお民主的な理想に仕えるだろうという保障は何も無いからだ。これが、民主的な教育の問題の未来は「民主社会における一般的な教育の発展の見込み」（p.5 強調は引用者）と関係しているとエルカースが議論する理由である。そしてこれがまたエルカースが次のように信じる理由である。すなわち、この問いに対するデューイの解答に説得力がない——もしくはもうない——のは、それが民主主義を学校に導入することから生じる教育的問題を認識しているとは思えないからだけではなく、それが「メディア社会にも特定の解放の形式にも照準があっていないし、多様な文化や広く浅い議論の領域にも照準があっていないし、自信のある個性や、彼らが必要だと考えている教育を手に入れるために学習している顧客の地位にも照準があっていない」（p.12）からでもある。

エルカースが一般的教育の発展（の枠組み）を要請するときに念頭に置いているのは、不特定な教育の形式、すなわち、民主的社会の特徴である複数性のなかの他のすべての利用可能な見解や立場を除外して一つの特定の見解だけを代表するのではない教育の形式である。彼が追求しているのは、言い換えれば、単なる特定の「秩序」——社会的秩序であれ、政治的秩序であれ、宗教的秩序であれ、認知的秩序であれ——への社会化の形式ではない種類の教育である。このことはエルカースが主体化への余地を持った教育の形式を示唆しているように思われる。しかしながら、エルカースが（学校）教育の仕事を主体に関連した学習の仕事と定義しているのを見るならば、むしろ彼は（学校）

教育に資格化という術語でアプローチしているように思われるのは興味深い。私はエルカースの叙述を、教育の主体化という次元の否定と見なすかわりに、（学校）教育における資格化と主体化の間の関係性についての問いとして解釈したい。そして私は本章で、この関係性をより詳細に探究することにしよう。

民主主義、教育そして公共領域

民主主義と教育の間にある関係性についてのエルカースの議論は、問題の特定の領域、すなわち教育への民主的な要求の問題もしくは、より具体的に言えば、公教育への民主的な要求の問題に焦点をあてている。民主的な要求という問題は、それが教育に適用された場合、教育がもはや本来の特有な機能を発揮できないだろうという彼の懸念の根底にあるだけではない（我々は実際に本来の特有な学校の機能についてさらに問う必要があるが。以下参照）。それはまた、公立学校がその存在を正当化するのに、その「顧客」に対してますます応答的にならねばならないとエルカースが仮定する点において、民主主義的教育という問題の未来の重要な局面でもある。エルカースは契約理論を通して、より正確に言えば、公立学校の内容と目的についての世代間の（暗黙の）契約の存在という概念を通して、公教育の正当化問題を取りあげる（2000, p.15）。学校が「フィードバック的な方針」を採用することの重要性を彼が強調するのは、これに基づいてである。彼は次のように記している。「もし学校が彼らの顧客から学習しないのならば、それはその世代の契約の要求に応えられないであろう」、そしてそれゆえに、公立学校がますますその効率性についての民主主義的な問いを引き受けなければならなくなるであろうと、彼は結論づけるのである（p.15 強調は原文）。

　公教育の正当化は、もちろん、民主的社会における最も重要な問題の一つであるが、しかし問われなければならないのは、顧客の要求が、エルカースが提案していると思われるのと同じように、安易に民主的な要求と同等であると見なしうるのかどうかである。私が第3章で主張してきたように、顧客の要求と民主主義的な要求の間の鍵となる違いの一つは、前者が個人的な望みを充たす願いによって動機付けられるのに対して、後者は、明らかに、個々人の願いを超越し、ときにはそれに対立しさえしうる、集団的もしくは公共的な財の達成へと方向づけられることである。これは、個人的な願いが民主的な言葉で――もっとも頻繁なのは権利の言葉の形式で――表されることを否定しない。そこでは、いくつかのグループが、たとえば、彼らの世界観をカリキュラムの中に反映させる民主的な権利を主張したり、あるいは公教育を受けることから撤退する民主的権利の主張さえする。しかしそのような権利への主張は、個人的な利益（個々の諸グループの利益を含む）や民主主義への抽象的な訴えに基づいているのであって、共通善に向けた志向に基づいているのではないと見ることは決定的に重要である。

　このことは教育への民主主義的要求の影響を理解するために少なくとも二つの方法が存在することを示唆している。エルカースは、そのような要求は排他的な、断片的なカリキュラムに導くだろうと示唆しているように思われる。そしてそれは、なぜ彼が教育を過度に民主的な干渉から保護したいのかという主な理由の一つである。「もしそれが意味をなさないのならば、学校を過剰に監視的なストレスに曝すことに賛成する必然的な道理はない」、なぜなら「学校は自治の形式の中で本当に最善に機能する」からである、と彼は書いている（Oelkers 2000, p.15 強調は原文）。しかし、民主的な諸要求が断片的なカリキュラムに帰着するのは、我々が民主主義を、そのような要求のすべてが原則的に正当であり、原則的に満たされるべき状況であると考えるときのみである。これは、そのような要求にアプローチするいくつかのすじみちのひとつにすぎないということを明らかにする理論的な根拠も実用的・歴史的な根拠もある。

まず理論的な点から始めよう。消費者の要求と民主的な要求の間の区別は、民主的な意思決定の二つのモデルである集約的モデルと熟議的モデルの間での区別と共鳴している（Young 2000, pp.18-26、Elster 1998, p.6 を参照）。最初のモデルは民主主義を、個人の好みを集約するプロセスと見なす。このアプローチの中心的仮説は、個人の好みが所与のものとして受け取られる――そして受け取られるべきである――ということ、および、政治は、常にそうであるというわけではないが、しばしば、多数決原理に基づいて好みの集約を扱うのみである、ということである。この好みはどこからくるのか、その好みは正当で価値があるのか否か、そしてその好みは利己主義の理由から持たれるのか利他主義の理由から持たれるのかは、重要でない問いだと考えられている。集約的なモデルは、したがって「目的や価値は主観的で、非合理的であり、政治的プロセスには外因的なものであり」、そして民主的な政治は、基本的に「個人的な利益と好みの間での競争である」ということを想定している（Young 2000, p.22）。

過去二〇年を通して、ますます多くの政治の理論家が、民主主義は好みの単純な集約に限定されるべきでなく、そのような好みの熟議的な変形を含むべきであると主張するようになってきた（第6章も参照のこと）。このモデルの下では、民主的な意思決定は「参加者によってそして参加者に提供される議論を通しての意思決定」――その議論とは集団的行為の手段と目的の両方についての議論である――を含むプロセスと見なされる（Elster 1998, p.8）。熟議民主主義は、その時、「どんな好みに最も多くの数字上の支持があるかを決定することではなく、集団が同意するどの提案が最善の理由によって支持されているのかを決定することである」（Young 2000, p.23）。熟議的アプローチは、したがって、個人的な欲望を集団的な必要へと変換することの重要性を指摘する。

熟議民主主義の概念は政治的理論の中では比較的新しいけれども、個人の願いが政治的な力や政治的な潮流となるために集団的必要へと変換されなければならない、という考えは、はるか昔の時代のものであり、公共圏という概念にほどきがたく結び付けられている。デビッド・マーカンド〔イギリス労働党の政治家―訳者注〕は、彼の著書『公的なものの衰退（*Decline of the Public*）』（Marquand 2004）の中で、公共圏を「隣接する市場や私的領域から保護された空間であり、見知らぬ者たちが、社会の共同生活において対等なパートナーとして互いに出会う空間である」と定義する（p.27）。我々は公共圏を社会的生活の次元として見るべきであり、一部門と見るべきではない、とマーカンドは強調する。それはそれ自体の基準や決定ルールを持つ次元であり、公的機関と同様に私的な個人、私的な慈善団体そして私的な会社によってさえ実行されうる一連の活動を伴う次元なのだ。それは、原則的には私的利益から区別される公的利益という考えに「象徴的に結びつけられており」、その中心にあるのは、シティズンシップ、同等性、奉仕という価値である。その中で財は、経済的資源への個人の結びつきや入手の権利に基づいてではなく、必要に基づいて分配されるのである。公的領域は「愛、友情そして個人的つながり」といった私的領域や、「売り買い」、「利益と誘因」(p.4) といった市場の領域と異なるだけではない。公的領域はまた、これら両方の領域から切り離されてもいるのだ。

マーカンドは、公共領域の鍵となる機能は公的利益を定義することと公共財を生み出すことだということを明らかにした。それは市民が集団的に何が公的利益であるべきかを、「闘争、論争、議論そして交渉を通して」定義する領域である (p.33)。このことは「公共領域を維持し、翻って、公共領域によって維持される」(p.57) 価値は、自己利益の価値ではなく、集団的な利益の価値であるということを意味している。集団的利益がときに、ある人の直接的な自己利益に対立すると仮定するなら、公的領域への関与や参加——それはシティズンシップのもう一つの名前と見なされうる——は「ある種の規律」や「ある種の自己抑制」を意味している (p.57)。マーカンドは、このことが自然に起こるのではなく、「ときには痛みを伴って、学ばれ、内面化され」なければならないと強調する。彼がこのように主張するのは、現実の社会において、これらの価値の遂行が「文化的そしてイデオロギー的な革命」を要求することにほかならないからである (p.57)。イギリスではこの革命は本質的に「二〇世紀に大幅に増強させられたとはいえ――ビクトリア時代の達成」であった（p.41）。

これらの考察は　我々が教育への民主的要求に関する問いに異なった仕方でアプローチしうる――私の見解ではすべき――ことを示唆している。そのような要求を受け入れるやいなや我々は特殊化した断片的なカリキュラムに行き着き、その皆を満足させる試みの中で実際には誰にも役立たない教育的な提案に行き着くと仮定する代わりに、民主的要求は、決して特殊化した要求の寄せ集めではなく、常に翻訳された要求、つまり、「私的な困難」を「集団的な課題」へと翻訳した成果である要求なのだ、という仮定から出発するべきである（Mills 1959）。民主的要求とは、手短に言えば、集約的な熟考の成果であり、共有財への方向づけを持つものである。このことで、そのような要求が、全てを包摂する教育に帰結すると提案したいのではない。なぜなら、シャンタル・ムフのフレーズを借りれば、それぞれの民主主義的な「着地」は常にそれ自身の構成的外面を持っているからである（Mouffe 2000 を参照）。しかし、民主主義的プロセスの成果としての排除と、ある特定の見解がヘゲモニーをとった結果としての排除の間には、重要な違いがある。それは、民主主義的な排除は原理的に正当化されうるし、より重要なことに、まさに民主主義の名において常に異議を唱えられ、再交渉される可能性があるからだ。

公共圏の衰退？

しかしながら、我々は、何が理論的に可能かということに注意を払うだけでなく、実際に何が達成できるのかということも問うべきである。なぜなら、私的な利益と共通善の間での区別を明確にするどころか気づくことさえもなぜ徐々に困難になってきているのかという問いを我々が立てなければならないからである（第3章を参照）。この問いに対する答えは二重にある。レトリックのレベルでみると、我々は今や多くの人々がそのような共通善のようなものの存在をはっきりと否定する時代に生きている。マーガレット・サッチャーの「社会などというものはない」という有名な言明は、「社会」は客観的で独立した存在を持たず、個人的なニーズを満たすために市場という条件の下で行動している諸個人の総体として実在するのみである、ということをまさに提起しようとしたものであった。この新自由主義的なシナリオの中で、国家（state）はもはや共通善を代理しない――国家は単に市場で提供されるものの規制者、品質管理者、そして調査官になってしまった。

　私的利益と公的利益の間の区別を行なう際の困難は、レトリックに関係するだけではなく――我々はレトリックの力を過小評価すべきではないけれども――また多くの現代社会の中で起こってきた実際の変遷とも関わっている。ここでのキーポイントは、共通の利益はどこからともなく生じるわけではなく、「私的なトラブル」を「共通の問題」に変換することを通して産み出されなければならないということだ。それはしたがって、我々が公共的な利益と共通善という発想をもはや持っていないように思われるだけではない。多くの解説者は、我々がそのような変換を可能にする実践や制度ももはや持っていない、と主張してきた（例えば Bauman 2000, Marquand 2004, Biesta 2005b を参照）。我々がもはや持っていないと思われるものが公共圏なのだ。

公的領域が私的領域や市場的領域から勝ち取られた道程を考えると、過去何十年かにわたるその侵食は、まさに私的領域と市場的領域の両方からの侵入の結果だということは驚くべきことではない。マーカンドは、公共圏の衰退に関する彼の分析の中で、「私的なものの復讐」(Marquand 2004, p.79)、すなわち、「真実性や誠実性の名の下での公共の義務や公共の関与という困難で、骨の折れる、『不自然な』厳格さ」(p.79) に対する抵抗について、多くの重要なことを述べており、そして特に、いかにアイデンティティの政治が──「私的な自己は全方位的に有能であるべきであり、全方位的な存在であるべきである」(p.80) という概念として理解されて──あらゆる種類の熟議的な政治を「現実的に不可能」(p.82) にしてきたかを示している。しかしながら、彼の分析の主たる焦点は、直接的にも、一九七〇年代半ばからイギリスの保守党政府によってこの論理が採用されてきた方法を通しても、市場領域の論理が公的領域を植民地化し侵食してきた筋道に当てられている。マーカンドにとってこれは市場が公的そして私的圏域に侵入してくるという単純なプロセスではない。それは、二〇世紀の最後の二五年間で、自己利益と効用最大化という新自由主義的価値がイギリス政府──そして、多くの現代の新自由主義的政府──の核となる価値になるプロセスなのだ。

この分析は経験的調査の成果によって確かめられるようだ。二〇〇〇年と二〇〇一年に行なわれたイギリスにおける民主主義とシティズンシップの状態についての大規模な調査 (Pattie, Seyd and Whiteley 2004) であるシティズンシップ調査 (Citizenship Audit) の主たる発見の一つは、シティズンシップ (市民性) がますます個人主義的な事柄になっているという事実である。政治参加のあらゆるレベルで変化がないにもかかわらず、この参加の性質が、集団的な行動によって表現されるよりもむしろ、ますます個人的になっている。調査は、参加の様態における変化を示しているだけではない。公的領域で活動している組織がまだあるとしても、それら自身は共通善の構築よりもむしろ、ますます個別問題（利益団体）についてのものになってきている。そういうわけで、シティズンシップ調査は、アトム化した個人の登場について語っているのだ。

政策立案者たちは、アトム化した市民が増加したことを公共圏が低下したことの主たる原因と見がちである。だから、多くの介入的方策――特に若者をねらった教育的方策――は、集団的な意思決定に参加する人々の動機づけの変化に影響を与えようとするのだ。しかしマーカンドは、公共圏の低下を、アトム化された市民の増加の結果と見なすべきではなく、むしろその原因と見なすべきだと主張する。彼が主張するのは、我々は「市民性からの退却」を、個人が実際に市民である機会、つまり共通善の定義についての討議のなかで発言権を持つ機会がますます少なくなっているという事実への反応と見るべきだ、ということである。ジグムント・バウマンも同様の結論に到達している。すなわち、彼は、現代の個人化した社会のための治療法は「公共圏の縮小ではなく拡大」への要求である、と主張する（Bauman 2000, p.51 強調は原文ママ〔六六頁〕）。表面的なレベルでは、政府――とりわけ新自由主義的政府――は、その市民（一般に「納税者」を言い表している）に、より多くの選択肢を与えるという試みの中で、この立場に対処しているように思われる。しかし選択肢が民主主義と同じではないと考えることは重要である。消費者はセットメニューから選ぶことができる。しかしながら、民主主義は、なによりもまずメニューに何を載せるべきかの決定に市民が参加するときにのみ存在するのである。

このことは、民主主義とカリキュラムにとって何を意味するのだろうか？　私が描きたい結論は、我々が特殊化した要求と民主主義的な要求の間での区別に気づいている限り、教育への民主主義的要求が、必ずしも特殊化し、断片化したカリキュラムに至るとは限らないということだ。前者がまさに消費者の好みの表現についてであるのに対して、後者は、共通の関心や公共善に向けたより広範な方向づけの光の下にそのような好みを変形させることについてである――第３章で私が示唆してきたように、もしそのような方向づけが個人の好みに反するとしても、である。したがって、民主主義の原則を導入することは、必ずしも我々がもはや教育の要求に応えることができないことを意味しない。そうなってしまうのは、民主主義の「消費主義的」定義、つまり民主主義をあるがままの好みの集約と同一視する定義の中においてのみであろう。しかし、我々の時代において、民主主義の原則の導入が、過去にそうであったかもしれないようには容易ですんなりいくものではない、と認めなければならない。これは共通善という考えへの強い信頼を失ったからというだけではない。それはまた私的なトラブルの公的な問題への変換が起こりうる場所や空間として役立っていた実践や制度が、ゆっくりだが着実に侵食されてきたためである。これは、私が示してきたように、市民を代表する利益や動機の欠如として解釈されるべきではなく、何よりも、本物の民主主義的な参加の機会の欠如として解釈されるべきだ。このことは、民主主義の未来や民主主義的教育にとって、消費主義的要求に起因するカリキュラムの断片化というエルカースの懸念よりも、当然、より重大な問題なのである。これは公共圏の崩壊が民主主義的な行動のための機会を減少させるからだけではない。それはまた、そしておそらく何よりも、公共圏の崩壊が民主主義的な学習の機会、つまり、共同生活の構築や維持への参加の結果として生じる種類の学習を減少させるからである（Biesta 2005b また Carr and Hartnett 1996 を参照）。

教育の要求に応えること

もし民主主義の原則を遂行し、教育の要求にも応えるという民主主義的教育の理解を明確にすることが任務であるならば、そしてもしこのことがさらに、そのような教育が非特定的であるべきだということを暗に意味するならば、それは我々がどのように民主主義の原則を理解しうるのかについての問いを立てるだけではない。教育の要求に応えるということ、より明確に言えば、非特定的な方法でこれらの要求に応えるということが何を意味するのかということに関する問いも伴うのだ。私が示してきたように、エルカースにとって、教育の要求に応えるということは、なによりもまず「［学校］教育の決定的な面は主体に関連した学習である」、すなわちそれは「規範的なものを個人化するために、第三者の知識や能力をその人自身の経験へと変換することと関わる学習」（Oelkers 2000, p.16）であると認めることを意味する。これこそが、エルカースが制度としての学校の主たる「存在理由」と見なしていることである。そしてこれに関連して彼は、我々がこれを「社会的経験や実験的学習」（p.15）――これは学習過程として重要でないわけではないが、学校教育が第一にそういうものであるわけではない――とごちゃ混ぜにすべきではないと強調する。

私は学校教育における内容の重要性を控えめに扱いたくはないが――というのは、資格化はよい教育の次元の一つであると考えているからだが――、私はまさに学校教育の任務が主体に関連した学習という概念によって疲弊させられるかどうかを問いたいのだ。一つの問題は、我々が内容という観点から学校の機能を定義したとたん、我々は何がカリキュラムに含まれるのかを誰が決めるのかというなじみの問いに瞬時に行き着くことだ。カリキュラムは決して全てを包括するものではありえない――部分的には実用的理由からであるが、そのような理由は即座に全てを包括したカリキュラムの根本的な不可能性を示す（Osberg and Biesta の近刊も参照のこと）――とするならば、我々はある所与のカリキュラムが常に可能であるものからの特定の選択にすぎないということを認めなければならない。だから、私がすでに示したように、特定のカリキュラム編成のなかに反映されていない人々が、排除されていると感じることになるのだ――仮に、特定のカリキュラムが実際には一般的カリキュラム、すなわちすべての人のためのすべてのことを含んだカリキュラムとして表されたらなおのことである。我々が学校を社会化の機関としてのみ考える限り、そして我々が認識論的な用語だけでカリキュラムにアプローチする限り、そのような問題は残る。もちろん、近代の教育的思想や実践において長らく効力を発揮し続けている伝統、すなわち、ビルドゥング（*Bildung* 独、教養）の伝統がある。そこでは、本物の教育は実際に、一般的な知識に浴したり、一般的な知識と能動的に関わったりすることの結果として生じると想定されている(Biesta 2002, 2006a を参照)。しかし教育の要求に応えるために、社会化のプロセスだけに焦点化するべきではなく、同時に主体化のプロセスにも注意を払うべきである。

ここでは、教育の非特定的な構想という挑戦は異なった方法で提示される。すなわち、社会化と主体化の間で明確に区別をすることが(まだ)可能なのかどうか、あるいは我々は、全ての主体化が究極的に社会化の形式なのだということを容認するのかどうか、という問いとしてである。これは、もちろん、まさに私が第4章で扱ってきた問いである。そこでは、主体化を生得的な理性的な潜在能力の開発として考えるかわりに、我々は主体化を根源的に未来へと開かれたプロセスとしてだけでなく同時に本質的に民主主義的なプロセスとして理解するために「世界への参入」や「独自性」(第4章を参照)というような概念を使うべきだということを主張した。この理由は世界へ参入することが、必然的に複数性や差異の世界へ参入することを含意している。その世界とは、皆が行為できる世界であり、全員に彼らの始まりが複数性という複雑な網のなかへと織り込まれていく機会があるような世界である。そのことは、私がこれまでの議論で強調してきたように、すべてのそのような始まりは単にあるがままに受け入れられるべきである、もしくは、私が先に記したように、民主主義とはそのような始まりの集合体についてのことなのだ、と示唆しているのではない。

主体化の重要性を強調すること、そして主体化は民主主義の要求に応えうる非特定的な方法で理解され——そして「行なわれ」——うるということを主張することは、主体化にとっての学校が資格化にとっての学校とは異なる学校であるということではない。主体に関連した学習はそもそもなぜ我々には学校があるのかということに関する重要な要素であるが、しかし主体に関連した学習が教育的な主体に関連した学習になるのは、主体化に場所を与えることができるときのみである。ここで私は、エルカースが提示するようなこと、すなわち、「第三者」の知識や能力を、「基準が個人化されるように」（Oelkers 2000, p.16）個人の経験へと変換することを考えていない。エルカースは基準が個人化されうる方法に言及しているが、彼の関心は基準の個人化であり、いわゆる諸個人の個人化ではない。エルカースは知識の――もしくはより一般的には内容の――角度から主体に関連した学習にアプローチしており、どのように個々人がそのような知識を自分自身のものにすることができるのかに関心がある。彼の関心は、言い換えれば、教授学的なもしくはカリキュラム上の関心である。しかし抽象的な知識をその人自身の知識にすることそれ自体が、主体化と関連するプロセスなのではない。したがって私は、主体化の角度から、主体化と主体に関連した学習の間のつながりについて提案したい。このことは、知識の異なる領域がどのようにして独自な諸個人が世界へ参入することができる方法への機会を提供することができるのか、という問いに重要性を与えるということである。これは単にカリキュラム上の知識への道具的な関与を意味するだけではなく、むしろ教育の内容を真剣に受け取ることを意味する。それが「～ととりくむべき何か」、「～に対して立場を取るべき何か」を提供するのは、つまり、世界への「入場」を可能にするのは、結局のところ、そのような内容が真剣に受け取られるときのみなのだ。

結論──デューイ以降の民主主義的教育？

この章で私は、デューイ以降の民主主義的教育の理論を定式化するというエルカースによって設定された課題への応答を試みてきた。この課題の中心には、どのように民主主義的教育は民主主義の原則を実行することができ、同時に教育の要求に応えることができるのか、という問題がある。鍵となる問いの一つは、民主主義の原則の実行が必ず特定的な教育に至るのかどうか、もしくは民主主義的教育を非特定的な方法で考えることは可能なのかどうかである。

一方で私は民主主義的要求と特定主義的な（characteristic）要求（私はそれを「消費者主義的」要求とも言い表してきた）の違いに気づくことが重要であると主張してきた。特定主義的な要求は実際に非特定主義的な教育の可能性を脅かす一方で、民主主義的な要求は、それらが特定主義的な要求の集団的な関心への変換の結果であるがゆえに、定義からして非特定主義的なのだ。私が示してきたように、このことはそのような要求がすべてを包摂する教育に帰結することを示唆するのではなく、民主主義的プロセスの結果としての排除と、ある特定の見解がヘゲモニーを握った結果としての排除の間には、前者が原理的に十分な根拠が示され、異議を唱えられ、再交渉されうるという点で重要な違いが存在するということを示唆することなのだ。民主主義の見地からすると、したがって、民主主義の原理の実行は、必ずしも特定主義的な教育に帰結するとは限らない。しかしながら、さらなる問いは、そのような実行が、まさにそれと同時に、教育の要求に応えうるのかどうかである。

私が示してきたように、エルカースは、カリキュラムの内容の重要性と主体に関連した学習を強調することによって、この問題を、何よりもまず学校の資格化の機能の観点から論じている。私は対照的に、主体化の民主主義的な構想――その中では、独自な諸個人が世界に参入することが必然的に世界の複数性という特徴に依存するプロセスとして理解されるのだが――を主張することで、学校の主体化機能を強調してきた。主体化は一人ひとりの始まりが、他者たちの始まりが世界に参入することも排除しない方法で、他者たちに受け入れられる方法と関連している。まさに同時に民主主義の要求に応える仕方で教育の要求に応えることが、この線に沿うことで可能になると、私は主張してきた。このことは、民主主義的な教育のために我々が学校を主体化の機能に縮小すべきであると示唆するものではない。主体化それ自体は、むしろ、知識やカリキュラムの内容に関わることを通してより一般的に起こりうる、社会的で、相互主体的であり、究極的には政治的なプロセスなのだと理解される。

そのような思想は我々をどれくらいデューイを超えたところに連れて行くのだろうか？　おそらく結論は　エルカースが近づこうとしたよりも、私の提案の方がデューイの意図に近いところにあるに違いない。なぜなら、民主主義とは、生活の様態でもあり、そしてなによりもまず、我々が民主主義者（democrats）になるのは、学校の内外で、生活の民主主義的様態への参加を通してである、と私が信じてやまないからだ（Biesta 2008b）。本章で私が示してきたのは、異なった方法で、民主主義的な生活の形態について考えることの重要性である。そのひとつは、私的な願いを公的な必要に変換することの重要性を強調することであり、その一つは政治的な言葉で、民主主義的な人間を理解することである。この角度から見ると、我々がデューイの考えを、単に二一世紀に実行しようとするのではなく、むしろ更新する必要があると気づいている限りは、民主主義的な教育の我々の理解の重要な出発点をデューイがいまだに提供していると結論づけられるだろう――そして、エルカースは、他のところで、ドイツのまたは大陸的な伝統との関連で、民主主義的な教育の出発点がアメリカの教育やプラグマティズムとの議論以外のどこにもほとんど見いだすことができないと主張した(Oelkers 2005, p.37)。これから私が向かうのは、この更新の課題である。

第6章 教育、民主主義そして包摂の問題

民主主義の概念が本書のほとんどの章で中心的役割を担ってきた。これは、よい教育についての問いに焦点をあてる可能性を脅かす諸展開が、同時に民主主義的参加、行動そして意思決定――第2章と第3章で私が具体的に論じてきた問題――への機会を脅かすように思われるからだけではない。それはまた、私が第4章で提案し、第5章で利用した教育の構想が、民主主義と教育の間の強力な、そしてある意味で内在的なつながりに依拠しているからでもある。教育と民主主義の間の内在的なつながりという考えは、独自な諸個人が世界へ参入するということが、「現実の」世界――皆がアーレント的な意味で行為することのできる世界、そしてそれゆえ、複数性や差異によって特徴づけられた世界――においてのみ生じうる、という仮説に基づいている。このことは教育にとっての単純ではあるが重要な任務――すなわち、民主主義を創造すること、そのことを通して民主主義

的社会を創造すること――が存在することを示唆するだろう。民主主義的教育――そしてより具体的に言えばシティズンシップ――の領域では、教育の任務を民主主義的な市民を生み出すことだと考える傾向が強いが（Biesta and Lawy 2006, Biesta 2007 を参照）、そのような見解は、教育とは何で、何を達成することができるのかという問題の理解に依拠しているだけではない。それはまたある特定の「秩序」としての民主主義という考えにも影響されている。実際に秩序――例えば法秩序――を要求するという民主主義の要素があるのだが、このことは必ずしも民主主義が秩序の点のみから理解されるべきであることを意味しないし、民主主義的教育がそのような秩序への「新参者」の効果的な社会化としてのみ見られるべきであることも意味しない。本章で、私は、民主主義を理解するために、包摂の役割についての議論を通して、この問いに着手する。まず、民主主義についての最近の議論のなかで包摂のテーマがどのように顕在化してきたのかを、民主主義的熟議や意思決定の実践をより包摂的にする試みのなかに示す。ジャック・ランシエールの研究からのいくつかの概念を論じることを通して、そもそも、これまで以上に包摂的な民主主義的秩序を構築するという民主主義ではなくて、むしろ民主主義的な行為者やその行為の形を継続的に再生するという民主主義について考える方法を導入する（Rancière 1995, p.61 を参照）。

民主主義と包摂

包摂が民主主義のまさに核となる価値ではないにしても、包摂は核となる価値の一つであると言ってもよいだろう。民主主義の「要点」は、結局のところ、皆（全ての *demos*）の、社会の統治（*kratein*）への包摂である。だから、ペリクレスは、民主主義を「権力が、少数派のではなく全人民の手中にある」（Held 1987, p.16〔二二頁〕）状況として定義したのだ。そしてまたそれゆえに、アリストテレスは民主主義を「全員が各人を、各人が輪番で全員を支配すること」と書いたのである（p.19〔二七頁〕）。包摂はまた民主主義の正統性にも影響を与える。なぜならアイリス・ヤングが指摘してきたように、民主主義的意思決定の規範的正当性は、まさに「意志決定によって影響をうける人々が意思決定のプロセスにどの程度参加させられたか、そして、どの程度、結果に影響を与える機会を持ったか」によるからである（Young 2000, pp.5-6）。

包摂は民主主義の主たる要点や目的であるだけではない。それはその主要な問題の一つでもある。最初から民主主義につきまとった（そして民主主義が飛び立つ前からある意味ですでにそれを困らせた）問いは「誰が民衆（の定義）の中に包括されるべきなのか?」という問いである。これは民主主義的なシティズンシップについての問いである。そして、我々はアテネの市民国家〔ポリス〕でのシティズンシップが、非常に制限されたものだったことをあまりにもよく知っている。二〇歳を過ぎたアテネの男性だけが市民権の資格があった。女性、子ども、奴隷（人口の六〇％を占めていた）そして移民は——数世代前からアテネに入植した家族出身のものでさえ——、政治的参加から完全に排除されていた（Held 1987, p.23〔三二頁〕）。

一方で、民主主義の歴史は包摂の継続的な探究として書くことができる。前世紀の最も強力で成功した社会運動のいくつかは——女性運動や労働運動を含めて——まさに「抑圧され周縁化された人々の、完全なそして平等な市民として包摂されるべきだ、という要求をめぐって」動員されてきた（Young 2000, p.6）。しかし民主主義の歴史はまさに同時に排除の歴史でもある。いくつかの事例では、民主主義の名の下に排除が正当化されている。これは、例えば、リベラル・デモクラシーの場合である。そこでは、人民統治の民主主義的原則（平等性の原則を表わしている）は、人民統治が個人の自由を制限したり妨げたりしない（自由の原則を表わしている）ことを保障するために、人民統治に優先するひとそろいの基本的な自由によって制限されている（Gutmann 1993, p.413）。リベラル・デモクラシーが、民主主義的な意思決定のある結果を排除しようとする（そして、そのような結果に賛意を示す人々を排除しようとする）一方で、民主主義と排除の間には、より直接的なつながりも存在する。ここでの議論でもっとも焦点を当てられているのは、民主主義的な参加にとって基本的であると考えられるある資格——合理性や道理のようなこと（以下を参照）——を欠いているという理由で、もしくは民主主義の理想それ自体に同意していないという理由で、民主主義に「適合」しないと考えられる人々である。

ボニー・ホーニッグ（1993）が主張してきたように、このことは、民主政治を特定の政治的アイデンティティの周りに組織されたものと見なしたいコミュニタリアンのための争点であるだけではない。それはリベラルにとっても争点である。というのも、彼らは、政治参加を、合理的な方法で行動しようとしかつ行動できる人々や、よい生活についての彼らの実質的な考えを私的領域に置き去りにしたがる人々に限定する傾向があるからである。そのような方策は「半合理的」（例えば、精神病患者たちのあるカテゴリー）もしくは合理的ではないと考えられる人々の排除に帰結するだけではない。それらはまた我々が「前合理的」、もしくはより一般的な意味で、「前民主主義的」と呼びうるような人々の排除を正当化するのに利用される。そして子どもたちというのは、そのようなカテゴリーの最も明白な例である。それゆえ、ここにこそ、教育との重要なつながりがあるのである。なぜなら民主主義的教育は、しばしば、個々人を民主主義的な意思決定への参加にむけて「準備された」状態にするプロセスと見なされるからである。

民主主義の理論における包摂の役割

包摂という問いは政治的意思決定についての議論において中心的役割を演じている。現代の政治理論では民主主義的意思決定の二つの主要なモデルがある。それは、集約的モデルと熟議的モデルである（Young 2000, pp.18-26、Elster 1998, p.6を参照）。最初のモデルは、民主主義を、常にそうだというわけではないがしばしば公職者や公共政策を選択するさいの、個人の好みの集約のプロセスと見なしている。中心的な前提は、個々人の好みが所与のものと見なされるべきであり、政策は、常にそうではないにせよしばしば多数決原理に基づいた好みの集約のみに関係している、ということだ。これらの好みがどこからくるか、それらが妥当であるかないか、それらが利己主義な理由で行なわれるか利他的な理由で行なわれるかは、重要ではないと考えられている。集約的モデルが仮定しているのは、言い換えれば、「目的や価値は主観的で、非合理的であり、政治的プロセスには外因的であるということ」であり、そして民主主義的な政治は基本的に「私的な関心と好みの間の競争」であるということである（Young 2000, p.22）。

過去二〇年間にわたり、ますます多くの政治理論家たちが、民主主義は好みの単なる集約に限定されるべきではなく、好みの熟議的な変化を含むべきだと主張してきた。熟議的モデルの下では、民主主義的意思決定は集団的行為の手段と目的についての「参加者による、参加者に提案される議論を通した意思決定」を伴うプロセスと見なされる（Elster 1998, p.8）。ヤングが言うように、熟議的民主主義は「どのような好みが最大の数字上の支持を得るかを決定することについてではなく、共同体が合意している諸提案のどれが、最良の理由で支持されているのかを決定すること［について］」なのだ（Young 2000, p.23）。「最良の理由」への言及は――そしてこれはとても重要なのだが――熟議的民主主義が熟議についての特定の構想に基づいていることを示している。例えばドライゼクは、熟議が活動のかなり広い範囲をカバーできると認めるが、好みについての考えが非強制的な仕方で浮かぶことが真正の熟議が起こるための要件である、と主張している（Dryzek 2000, p.2）。この要件は、彼も説明するように、「権力行使を通した支配、操作、教化、宣伝、欺き、単なる自己利益の表現、脅迫……そしてイデオロギー的画一化を押しつけるための試みを除外する」（p.2）。このことは、熟議的民主主義とは「合理性や公平性の価値に同意した」参加者による議論のやりとりについてのことである、というエルスターの主張（Elster 1998, p.8）や、熟議は「自由で、平等で理性的な行為者たち」

の間に生じなければならないという彼の示唆と共鳴している（p.5）。

一つの点において「熟議的な転回」（もしくは回帰、Dryzek 2000, pp.1-2を参照）は民主主義的な理論と実践における重要な前進の一歩である。一方でそれは民主主義の基本的な価値、特に民主主義とは、集団的意思決定への実際的な参加に関することであるという考えの、より完全な表現であるように思われる。集約的モデルでは、結局のところ、わずかの参加しかなく、意思決定はたいていアルゴリズム的である。他方で、熟議的アプローチはより強力な教育的潜在性をもっているように思われる。熟議的モデルにおいて「政治的な行為者たちは、好みや関心を表現するだけでなく、包摂的な平等性という状況のもとで、どのようにこれらのバランスをとるのかをめぐって相互に関わり合う」（Young 2000, p.6. 強調は引用者）。そのような相互作用は「参加者たちに、お互いに対してオープンであることや気遣うこと、そして彼らの主張や提案を全員にとって受容可能［である］言葉で正当化することを要求する。つまり参加者の方向づけは、自尊心から、公的に主張しうることへの方向づけへと移るのだ」（p.26）。かくして、「人々はしばしば新しい情報を獲得し、彼らの集団的問題の異なった経験を学び、あるいは彼らの最初の意見が彼らの偏見や無知に基づいていることを発見したり、彼ら自身の他者に対する利益関係を誤解していたことを発見したりする」（p.26）。ウォーレンが取り上げたように、熟議への参加は個人を「より公共精神を持ち、より寛容で、より聡明で、他者の利益により気遣い、そして彼ら自身の利益により注意深く」することができる（Warren 1992, p.8）。したがって、熟議的民主主義は、その支持者たちが主張するように、より民主主義的であるだけでなく、より教育的でもあるのだ。熟議的民主主義の三つ目の利点は、政治的な行為者たちの動機づけに関するその潜在的な影響にある。というのも、民主主義的な意思決定への参加によって、参加者たちはその結果によりいっそうの責任を負うことになりそうだからだ。このことは熟議的民主主義が、社会問題の解決の本来的に望ましい方法であるだけでなく、おそらくそれを実行する効果的な方法でもあることを示唆する（Dryzek 2000, p.172を参照）。

熟議的な転回は、民主主義をその核となる価値にさらに接近させるための試みと見なされうるし、この点で、集約的モデルや、より一般的にはリベラルな民主主義にある個人主義や「分離された複数性」（Biesta 2006a）の重要な訂正を象徴している。しかしながら、民主主義の掛け金を上げることによって、熟議的民主主義は、また民主主義的な包摂の困難をより先鋭に焦点化させてきたし、その結果――皮肉にも、しかし驚くべきことではないが――包摂の問いをめぐる一連の問題を発生させてきた。ここでの主要な争点は、熟議への参加のための入場条件に集中している。先に引用した著者たちは、とりわけ民主主義的熟議への参加は規制されるべきであり、そして自らを価値や振る舞いの特定のセットに同意する人々に限定されるべきであると示唆しているようである。例えば、ヤングは、熟議的モデルは「熟議的な党派の関係性や性向のための規範的な概念、なかでも、包摂、平等性、合理性、そして公共性を伴い」、――彼女はそう強調するのだが――「それらは、すべて論理的に熟議的モデルに関係している」と主張する（Young 2000, p.23。強調は引用者）。熟議的民主主義（の諸バージョン）の支持者たちのほとんどは、参加への入場条件のセットを具体的に述べている。しかし、その議論で興味深いのは、ほとんどの者が大変苦労して、理想的なセットよりもむしろ、民主主義的熟議に必要な条件の最小限のセットの輪郭を描いているということだ（例えばElster,1998の論考を参照のこと）。ヤングは、興味深い例として、道理をわきまえていること（彼女はそれを必要な入場条件と見なしている）と合理性（彼女はそれを必要な条件と見なしていない）の間に区別を設けることを挙げている。ヤングにとって道理をわきまえていることは合理的であることを意味しない。道理をわきまえていることとは、「人々の討論すべき貢献の中身よりも［むしろ］議論の参加者が持っている一連の性向」について言い表している（Young 2000, p.24 強調は引用者）。彼女は道理をわきまえている人々が「しばしば狂った考えを持つ」が、「彼らに道理をわきまえさせているのは、なぜ彼らの考えが正しくない、あるいは不適切なのかを説明したい他者の声に喜んで耳を傾けようとすること」であると認める（p.24）。ヤングのなかでは、道理をわきまえていることは、かくして、コミュニケーション的な美徳として出現するのであって、人々の好みや確信の論理的な「質」の基準としては現れない。

この例が示すのは、なぜ包摂の問題が熟議的モデルにおいて非常に突出しているのかだけではない。それはまた熟議的転回がなぜ包摂をとりまく、まったく新しいひとそろいの争点を生み出すのかも説明する。この理由は熟議とは単なる政治的意思決定の形式ではなくて、なによりもまず政治的なコミュニケーションの形式であるからだ。熟議的民主主義における包摂の問いは、従って誰が包摂されるべきなのかについての問いではない――この問いも同様に常に問われるべきではあるが。それはなによりもまず誰が効果的に熟議に参加することができるのかについての問いなのである。ドライゼクが適切に要約しているように、熟議的民主主義についての疑念とは、「道理をわきまえた政治的な相互作用の特定の種類に焦点を当てることは実際には中立ではない。そればかりか、民主主義的政治への効果的な参加から多様な声を体系的に排除する」（Dryzek 2000, p.58）ということである。この点においてヤングは排除の二つの形式の間で、有益な区別を行なっている。すなわち、外的排除――「いかに人々が［実際に］議論や意思決定のプロセスの外側に置かれたままであるか」について――と内的排除――人々は形式的には意思決定のプロセスに包摂されているが、しかし彼らは、例えば、「彼らの主張が真剣に受け取られていないということに」気づくかもしれないし「彼らが平等な敬意をもって扱われていないと信じるかもしれない」（Young 2000, p.55）――である。内的排除は、言い換えれば、「彼らが、意思決定の討論の場や手続きに参加できるときでさえ、他者の考えに影響を与えるための効果的な機会を欠いている」（p.55）ような状況について述べている。それらは、とりわけ、熟議的民主主義のいく人かの支持者による「感情に動かされない、状況に依存しない、中立的な理性」（p.63）の強調の結果かもしれない。

議論にあまりにも狭く焦点化した結果である内的排除を緩和するために、ヤングは、「熟議的実践における排他的な傾向」を改善するためだけでなく、「尊敬と信頼」を促進し、「構造的かつ文化的な差異を超えた理解」（p.57）を可能にするためにも、熟議的プロセスに加えられるべき政治的コミュニケーションのいくつかの他の様式を示唆してきた。これらの一つ目は挨拶もしくは公的認知である。これは「コミュニケーション的な政治的意思表示のことであるが、それを通して、葛藤を持つ人々が、他者、とりわけ意見や利益や社会的な位置が異なる人々を、議論に巻き込まれている者として認識する」（p.61 強調は原文）。ヤングは、挨拶とは政治的相互作用のための始発点として考えられるべきだと強調する。それは「理由を与えたり評価したりすることに先行する」（p.79）。しかも熟議における他の党派の認識を通してそうするのだ。政治的コミュニケーションの二つ目の様式はレトリックであり、より具体的に言えばレトリックの積極的な使用である（p.63）。レトリックは政治的コミュニケーションの形式にのみ関係し、その内容には関係しないと言いうるが、ヤングが主張するポイントは、包摂的な政治的コミュニケーションは異なった表現形式に注意を払うべきであり、それらに関して包摂的であるべきだし、レトリックから合理的な議論を精製しないようにすべきだ、ということである。レトリックは、特定の争点を熟議のための議題に取り上げるのを手助けするから重要だというだけではない。レトリックはまた、「特定の状況において、特定の人々に適切な方法で」主張や論点を明確にするのを助けることができる（p.67 強調は原文）。レトリックは「議論を特定の聴衆のために位置づけることによって、そして、議論に血肉化されたスタイルとトーンを与えること」によって、いつも議論に伴うものだ（p.79）。ヤングの政治的コミュニケーションの三つ目の様式は物語もしくは語りである。民主主義的なコミュニケーションにおける物語の主要な機能は、「何が重要かについて非常に異なった経験ないし想定を持っている国家（polity）の構成員間の理解を促進するための」（p.71）潜在能力にある。ヤングが強調するのは、政治的コミュニケーションの教え―学びという次元における物語の役割である。「包摂的な民主主義的コミュニケーションは」、「全ての参加者が、彼らがともに住んでいる社会について人々に教える何らかのものを持っている」と想定し、また「全ての参加者が社会や自然の世界のなんらかの側面については無知であり、皆がなんらかの偏見、先入観、盲点、あるいはステレオタイプによって政治的な対立に至る」（p.77）ということを想定すると彼女は主張する。

挨拶、レトリックそして物語が議論にとって代わることにはならないと強調することは重要である。ヤングは、熟議的民主主義とは、「参加者がお互いに理由を求め、そして批判的にそれらを評価しあうことを伴うのだ」、と繰り返し力説する（p.79）。熟議的モデルの他の賛同者たちは、よりいっそう狭いアプローチをとり、熟議をもっぱら合理的な議論の形式と見なしている（例えばBenhabib 1996）。そこでは、唯一の正統な強制力は、「よりよい論証のための強制なき強制」（ハーバーマス）であるべきとされる。同様に、ドライゼクは、ヤングの初期の考え（すなわち『包摂と民主主義』の出版に先行する著作）について論じた後で、議論は「常に熟議的民主主義の中心であるべきだ」（Dryzek 2000, p.71）と結論づけている。彼はコミュニケーションの他の様式が存在しうるし、それらを導入する十分な理由も存在していることを認めてはいるけれども、それらの地位は「それらがかならずしも存在しなければならないわけではないという理由で」（p.71 強調は引用者）異なるのだ。ドライゼクにとって、結局のところ、政治的コミュニケーションの全ての様式は、合理性の水準に応えなければならない。このことは、それらが合理的議論に従属させられなければならないということを意味しないが、「しかし、それらの展開は、何がなされるべきかという議論が中心的であり続けるという文脈においてはじめて意味を持つのだ」（p.168）。

民主主義は「通常」になれるのか？

包摂についてのこの短い概観によって、過去二〇年間にわたって民主主義的な包摂の問いに関してなされてきた進展が明らかになる。しかしこれは民主主義的な包摂についての議論が向かっている方向に関して問題が残されていない、というわけではない――そしてこれらの諸問題は、単に実践的であるだけではなく、民主主義と包摂についての言説の背後にある、より根本的な想定に関連していることを示したい。私の見たところ、特に問題となる二つの想定がある。

一つ目の想定は、民主主義が「通常」の状況になることができるという信念である。包摂の議論において主要な課題は、実践的な課題、すなわち、我々はどのように民主主義的実践をよりいっそう包摂的（内的包摂）なものにできるのか、そして我々はどのようによりいっそう多くの人々を民主主義的熟議という圏内に包摂する（外的包摂）ことができるのか、という問いとして理解されるように思われる。ここでの想定は、もし我々が他者性や差異に対してよりいっそう配慮するようになるならば、我々は全体的な民主主義的包摂の状況、つまり民主主義が「通常」になった状況に、最終的に到達するだろう、というものである。いつどのようにこの状況に到達されうるのかを巡って、そして常に「残余」（Mouffe 1993）が存在することになるのかどうかを巡って、人々は異なった見解を持っているかもしれないが、一方で民主化はますます多くの人々を民主主義の圏内に包摂することを意味する、という考えは、最良の民主主義は最も包摂的な民主主義であるという隠された考えを明るみに出し、そして民主主義が通常の政治的現実になることができるし、なるべきであるという隠された想定を明るみに出す。

このことは二つ目の想定に関連している。それは、民主主義圏域の外側に立っている人々は民主主義の圏内に連れてこられるべきであり、より重要なことには、すでに内側にいる人々によって包摂されなければならないプロセスとして理解されるべきだという考えである。ここでの想定は、包摂とは「内側から外に向かって」生じるプロセス、つまりすでに民主主義的であると考えられている人々の立場から生じるプロセスだということだ。まさに包摂という術語は、誰かが他の誰かを包摂することを指すだけではない。それはまた――そしてこれは、もちろん、インクルーシブ教育の分野で仕事をする人々にはおなじみのものだが――誰かが包摂のための諸条件を準備していることと、そしてそれらの諸条件に合致するように包摂されたいと願う人々のためのものでもあるということである。

もちろん、理論的純粋さの浴槽の湯とともに熟議的民主主義の赤ん坊も流す必要はないし、このことは断じて私の意図ではない。熟議的民主主義は他の政治的実践やプロセスよりも明らかに多くの利点を持っている。しかし我々が問うべき問いは、民主主義についての隠された想定が、民主主義を理解し、「実行する」最良の、そう言って差し支えなければ、最も民主主義的な方法という結果になるかどうかということだ。この問い答えるための第一歩は、民主主義が別様に理解されうるのかどうかを問うことである。民主主義と包摂について流布している言説とは実に異なる方法で民主主義の問いに取り組もうとした一人の著者がジャック・ランシエールである。

ランシエールの民主主義と民主主義化

流布している言説においては、民主主義とは永久でありと通常でありうる何かとして見なされるが、ランシエールは、民主主義を散発的なものとして、すなわち、時々そしてきわめて特定の状況においてのみ「起こる」何かという立場で議論している（Rancière 1995, p.41, p.61）。この点を明確にするために、ランシエールは政治――これは彼にとっては常に民主主義的な政治（「政治的なものの制度的装置」としての民主主義――Rancière 1999, p.101〔一六八頁〕）を意味する――と彼がポリスもしくはポリス的秩序と呼んでいるものの間で区別を行なう。フーコーを偲ばせる方法で、ランシエールはポリスを「身体の秩序であり、行為の仕方、存在の仕方、話し方を配置するもの」であり、「しかも、それはある身体にその名前に応じて何らかの地位や役割を割り当てるようなものであると見る」（p.29〔六〇頁〕）。そしてそれは、「見えるものと語りうるものの秩序であり、ある特定の活動を見えるものにし他のものは見えないようにし、ある発話を言説として聞こえるものにし他のものは音としてしか聞こえないようにするもの」（p.29〔六〇頁〕）である。ポリスとは国家がそのなかで社会生活を組み立てる方法として理解されるべきではない。それは、ハーバーマスの用語でいうような、システムが生活世界を「支配すること」ではなく、両者を含んでいる。ランシエールが説明するように、「ポリス的秩序を定義している地位と役割の配分は、国家の諸機能の厳格さに依存するのと同じぐらい、社会関係の見せかけの自発性に依存している」（p.29〔五九～六〇頁〕）。ポリスのこの定義を読むための一つの方法は、皆がそのポリスの中で特定の地位、役割もしくは身分を持つという点において、全包括的な秩序として考えることである。皆がその秩序の運営の中に含まれるということは言うまでもない。要点は単に誰もその秩序から排除されないということである。結局、女性、子ども、奴隷そして移民はアテネの民主主義の中で明確な場所を持っていた、すなわち、政治的意思決定に参加することを許されていない人々として、である。この点に関して正確に言えば、全てのポリス的秩序は全包括的である。

これを背景にして、ランシエールは、政治を平等の名の下にポリス的秩序を切断するものと定義する。このように言うと、ランシエールが考えていることよりも単純に聞こえてしまうかもしれないので、政治が表している切断の性質について明らかにすることが重要である。ランシエールは、「政治」という用語が「ポリスの活動とは対立する、十分に特定された活動、すなわち、当事者を決め、分け前があるかないかを決める感性的なものの布置を、定義上その布置のなかに場所を持たぬ前提によって切断する活動」（Rancière 1999, pp.30-31〔六〇～六一頁〕）のためにあるのだと説明する。この切断は「当事者を決め、分け前があるかないかを決めてきた空間を再配置する」一連の行動という形で現れる（p.31〔六一頁〕）。そのように考えられた政治的活動とは、「身体をかつて割り当てられてきた場所からずらすもの」（Rancière 1999〔六一頁〕）である。「それはいままで見られる場をもたなかったものを見えるようにし、音だけがあったところに言説が聞こえるように［そして理解できるようにービースタ］する」（Rancière 1999〔六一頁〕）。「政治的活動は常に、原理上異質な前提、つまり分け前なき者の分け前という前提を働かせることによって、ポリス秩序の感性的な分割＝共有を解体し、最終的にポリス的な秩序の純粋な偶然性を明らかにし、誰であれ話す存在と他の話す存在との平等を表出する」（Rancière 1999〔六一頁〕）。かくして、政治とは二つの「異質なプロセス」が出会いうる出来事を言い表しているのだ。つまりポリスのプロセスと平等のプロセスである。

この説明には、加えるべきことが二つある。第一は、ランシエールにとってこのように理解された政治は、常に民主主義的な政治だということだ。民主主義とは、彼がそう主張しているのだが、「社会生活の体制でも様式でもない」――それは、言い換えれば、ポリス的秩序の部分ではないし、そうではありえない――、むしろ「政治そのものの制度として」理解されるべきである（Rancière 1999, p.101,〔一六九頁〕）。全ての政治は、ひとそろいの制度という意味において民主主義的なのではなく、「平等性の論理をポリス秩序の論理に対置する」表現の形式という意味において民主主義的なのだ（Rancière 1999, p.101〔一七〇頁〕）。民主主義は、平等性への「主張」であると言いうるかもしれない。

しかしこのことはランシエールの民主主義の理解について更なる問いを提起する。それはこの主張をするのは一体誰なのかという問いである。言い換えれば、誰が政治を「行なう」のか、あるいは、民主主義を「上演する」のか？　このように問うのは、政治の主体が存在せず、民主主義に関与する民主主義的俳優は存在しない、ということを言いたいからではない。ポイントは政治的な俳優――もしくは主体――が、民主主義の「芝居」以前には実在しないということ、もしくはより正確に言えば、彼らの政治的アイデンティティ、つまり民主主義的主体としての彼らの政治的アイデンティティは、ポリス的秩序を崩壊させる行為の中や、行為を通してしか出現しない、ということだ。だから、ランシエールは、政治がそれ自体主体化のプロセスなのだと主張する。政治は、その中で、そしてそれを通して政治的主体が構成されるプロセスなのである。ランシエールは主体化を「ある審級の一連の行為と一連の言表能力による産出を意味するものであり、これらが、これまでに与えられてきた経験野では見分けることができず、したがってそれを見分けることは経験野を再配置することと歩みをともにすること」であるとする（Rancière 1999 p.35〔七〇頁〕）。

民主主義とは――もしくはより正確に言えば、民主主義の出現とは――したがって、単に、それまでは政治の王国から排除されてきたグループが、太陽の下にその場所を要求して前に進み出るといった状況ではない。それはまさに同時に、以前は存在していなかった特定のアイデンティティを伴ったグループとしてのグループの創造なのだ。民主主義的活動は、例えば、以前は「無数の私的な個人関係の産物」と見られていた「労働関係を集団の言い分のもとに置いた」一九世紀の労働者の活動に見いだされるべきである（Rancière 1999, p.30〔六一頁〕）。かくして、民主主義は新しい、政治的なアイデンティティを確立した。もしくはランシエールが言うように、「民主主義とは、国家や社会の当事者と一致しない諸主体の制度なのだ」（pp.99-100〔一六七頁〕）。このことが意味するのは、「民衆の見せかけの場」は「係争が展開する」場所であるということだ（p.100〔一六八頁〕）。政治的係争は住民からなる当事者間の利害対立すべてから区別される。というのも、それは「当事者間の計算そのものについての」対立だからである（p.100〔一六八頁〕）。それは「地位の分配についてのポリスの論理と、平等主義的な特性についての政治の論理」の間の対立なのだ（p.100〔一六八頁〕）。政治とはしたがって「まず共通の舞台を実在させることをめぐる衝突であり、舞台上にいる人々の実在や身分に関する衝突なのだ」（pp.26-27〔五六頁〕）。

ランシエールにとって、したがって、民主主義化とは中心から発生して周縁に広がるプロセスではない。それはすでに民主主義的な人々が――ランシエールの観点からはとにかく不可能な立場なのだが――他者を彼らの圏内に包摂するプロセスではないのだ。むしろ民主主義は「外側」からの要求、つまり不正の、あるいはランシエールが「不当」と言いあらわしていることの知覚に基づいた要求、平等の名の下で行なわれる要求として現れる。要求する人々は、現存する秩序に単に包括されたいわけではない。つまり彼らは、新しいアイデンティティ、すなわち、新しい行動の仕方や存在の仕方が可能になり、そして「勘定に入れ」られうるような方法で、秩序を再定義したいのだ。このことは、ランシエールにとって民主主義化とは、もはや排除された団体を既存の秩序に包括するプロセスではなく、むしろその秩序を平等の名の下に変形させることなのである。この変形のための起動力は内側からではなく、むしろ外側からやって来る。しかし、民主主義的な包摂について普及している言説とは異なり、この外側は「知られている」外側ではない、と見ることが重要である。民主主義化とは、結局、誰が政治的な意思決定に参加していて誰が参加していないのかが完全に明らかなポリス的秩序の内側で生じるプロセスではない。民主主義化とは、既存の秩序を、この秩序の内側からは表現され得ない、あるいははっきり言い得ない場所から崩壊させるプロセスなのである。

最終的に、ランシエールにとって民主主義の目的と民主主義化の「ポイント」は絶え間ないカオスと崩壊を創り出すことではないと理解することが重要である。ランシエールは民主主義化を基本的によいものだと主張するだろうが、これはポリス的秩序が必ずしも悪であることを意味するものではない。それはランシエールの著作の中ではそれほど目立たないかもしれないが、彼は民主主義化がポリス的秩序に肯定的な効果を持ちうると強く主張する。民主主義的な係争は、彼が「平等の登録」(Rancière 1999, p.100〔一六八頁〕)と呼ばれるものをまさに生み出す。つまりそれらは(変形された)ポリス的秩序の中に痕跡を残すのだ。だから、ランシエールは、「最悪のポリスと最良のポリスが存在する」(pp.30-31〔六二頁〕)と主張するのだ。最良のポリスとは、しかしながら、「おそらくは自然的だとされる秩序や立法者たちの知恵から生まれた」ものではない――それは「平等論理の不法侵入によって『自然的』論理から切り離されることになった」ものである(p.31〔六二頁〕)。かくしてランシエールは、ポリスは「あらゆる種類の善をもたらすことができ、あるポリスが他のポリスより好ましいこともある」と認めている(p.31〔六二頁〕)。しかし、彼は、ポリスが「甘くて親切」だからといって、政治の対立物であることになんら影響は与えない、と結論づける。

結論

本章で私は、民主主義理論の最近の展開の中で包摂が主題化されてきた筋道に関して、二つの問題を示してきた。両方の問題は関連している。なぜならその両方は民主主義化のプロセスについての特定の理解に関わっているからである。私が示してきたように、民主主義化とは、それを通して、基本的にまだ民主主義の圏域の部分になっていない人々が民主主義に包括されるプロセスとして理解される。このことは、私が主張してきたように、民主主義の予想される目的地は皆が包括される状況、つまり民主主義が通常の政治的状況になったような状況である、ということを示唆する。それはまた、ある人たちは民主主義の「圏域」内にすでに存在しており、他者を彼らの実践のなかに包摂することは、彼ら次第であるような仕組みを示唆する。

私は民主主義と民主主義化のこの理解に、いくつかの問題が存在することを示してきた。主たる問題は、それが、我々――そして鍵となる問いはもちろんここでいう「我々」とは誰なのかであるが――がすでに民主主義とは何であるかを知っており、包摂とはより多くの人々を既存の秩序に引き入れることに過ぎない、という考えを前提にしているということだ。これは、基本的に、民主主義化を理解するための植民地主義的方法であり、そしてそれは、まさに私が民主主義の（ある特定の定義の）帝国主義的拡張――それは現在、地政学レベルで生じている――とみなしているものの背後にある論理である。このアプローチの主たる問題は、政治的秩序それ自体、つまり他者が包摂されている民主主義が、当然のものだと見なされていること、つまりそれはそれ自体問われえない出発点だというのだ。このことは国際政治の問題だけではない。それは同時に、前理性的で前民主主義的な段階から、子どもたちが将来民主主義に参加するための参入条件に適う段階への移行を促進することによって、子どもや「新参者」を既存の民主主義的秩序に包摂することが民主主義的教育の仕事である、という仮定のうえで作動する民主主義的教育の形式の問題でもあるのだ。

ランシエールの著作の重要性は、まさしく彼が民主主義と包摂についてのこの考え方を逆転させているという事実の中にある。彼にとって民主主義とは普通の状況ではない、すなわち、民主主義はポリス的秩序が存在する方法ではなくて、むしろ平等性の名の下に秩序を中断させることのなかに現れるのである――だから、彼は民主主義が散在していると言うのだ。さらに、ランシエールにとって民主主義化とは、他者に対してなされる何かではない。つまりそれは人々が自分たち自身にしか行ないえない何かなのだ。ランシエールはこれを解放の問いに結びつけている。解放とは、彼は書いているのだが、「マイノリティからの脱出」を意味する（Rancière 1995, p.48）。しかし彼はこのことに「彼ら自身の努力によることなしに社会的少数から脱出する者は誰もいない」と付け加える（Rancière 1995, また Biesta の近刊 b も参照）。第三に、ランシエールは、我々が、民主主義的な包摂を、より多くの人々を既存の秩序に加えることという点からではなく、むしろその秩序の変換を必然的に含むプロセスとして理解するべきだと見なすのを手助けする。我々が、排除されていると知られている人々に限定して包摂の努力を行なうかぎり、我々は現存している秩序の範囲内で活動するのみである。だから私は強調したいのだが、これは決して重要でないことではない。なぜなら、ランシエールが我々に想起させるように、最悪のポリスや最良のポリスが存在するからだ。しかしランシエールが我々に提供しているのは、異なる種類の包摂の必要性を理解することである。つまり現存している秩序の点からは除外されていると知られえないものの包摂、私が他の場所で「予測できない」ものと言及してきたものの包摂である（Biesta 2001）。

なぜ、そしてどのように、これらの概念が教育にとって、そしてより重要なことには、民主主義的教育にとって問題となるのか？　私の見解では、民主主義的教育の植民的主義的見解によってまさに伝えられないのは民主主義的教育の考え方や「実行」の仕方を持つことは、最近の政治的風潮のなかで何よりもまず最も重要なものなのだ。ランシエールは少なくとも、民主主義と民主主義化と包摂の間の関係性を別様に、すなわち心の植民地主義的枠組みによってほとんど染められていない方法で理解することが可能であると我々に示している。ランシエールはまた、我々がある選択肢が存在するのを見えるよう手助けしている。すなわち、民主主義教育はポリス的秩序の中で一つの役割を担うことができるのか――そしてそこにはなされるべき重要な仕事があると私は強調したいのだが――、あるいは民主主義教育は「外側」からやってきて平等という名において民主主義的な秩序を中断させる民主主義化の経験や実践とつながろうとすることができるのか、という選択肢である。子どもや若い人々を「よい民主主義者」になるように教育する代わりに――それは、私の見方では、基本的にポリス的秩序のなかにとどまるという戦略である――、教育者には当然、民主主義化が「生じる」無数の瞬間瞬間に学習する機会を利用し支援するという演じるべき役割がある。それらの瞬間が民主主義を教える試みの中断として生じるかもしれないということは――たとえもしそれが熟議的な考え（や理想）に基づいて教えることであるとしても――私の見解では、当たり前のことなのである。

おわりに――「学習の（諸）目的」

本書で私が目指したのは、よい教育のための青写真を提案することではなく、むしろよい教育とはどのようなものであるかについての議論を刺激したり、そのような議論のための要素を示したりすることだった。よい教育についての議論を始めると、まさに一つの単純な問い、すなわち「教育は何のためか？」を問うことが求められる。この問いに答えるのは、もちろん簡単ではない。しかし、もしその問いが決して問われなければ、我々にとって、教育が方向性を失った仕方で――もしくは少なくとも教育の方向性が、どの方向が最も望ましいのかについての熟考の結果ではない仕方で進んでいくだろうことは確かだろう。各章で、よい教育についての問いが、教育者たち、教育評論家、そして教育政策立案者の「レーダー」からほとんど消えてしまったように見えるいくつかの理由を私は示してきた。これは部分的に学習という言葉への注目の高まりや、教育のより全般的な「学習化」が原因である。近年、無邪気にも、学習についてあまりに多くが語られ、学習が何のためにあるのかについてはあまりにもわずかしか語られていない。換言すれば、学習の目的についてあまりにもわずかしか語られないのである。これは学校や単科大学や総合大学で続く学習に当てはまるが、生涯学習の概念にも当てはまる。このこと自体、方向性を失っており、したがって基本的に意味が無い――つまり、学習とは「何か」や学習は「何のためか」の具体化を欠いているのだ。

よい教育についての問いが価値判断を要求する規範的な問いであるならば、それは測定の結果や、研究の証拠や、説明責任の経営的な形式を通しては、決して答えられえない――たとえ、私が示してきたように、そのような発展がよい教育についての問いを置き換えるのに貢献してきており、なお貢献を続けて、それらが教育の方向性を設定しうるもののように見せようとしているとしても。よい教育についての問いに答えることは、しかしながら、また人の意見や好みを単に表現するという問題でもない。民主主義の条件の下では、教育は決して単なる私的な価値ではないのだ。このことは、何が教育的に望ましいと考えられるかについてのどんな決定も、決して個人的な願望や好みの集成に基づくことはできず、実際に望まれているものから正当性をもって望ましいものであると考えられものへと変換することを常に要求する、ということを意味する。

正確かつ集中した仕方で、そのような変換プロセスに従事することは、教育とは「複合的な」概念――すなわち教育とは一つの「こと」でも、一次元的な努力でもなく、いくらかの異なった、そして、ある程度互換不能な役割や機能をカバーする概念であるという事実の認識を要求する。だから、これは教育のねらいや目的についての議論のなかで、教育の三つの役割ないし機能の間で区別すべきだということを私は示唆してきた。そしてその三つを私は資格化、社会化、主体化と述べてきたのだ。これらの三つの機能の間での区別が分析的な装置と見なされる一方で――例えばもし我々が、教育的プロセスや実践がどんな仕方で影響を与えるのか、もしくは我々が教育的プロセスや実践にどんな仕方で影響を与えて欲しいのかを探索したいのなら――我々はまた教育のこれらの三つの役割や機能の間での区別を計画的に、つまり、我々が教育に達成して欲しいことを計画的かつ肯定的に明確にする仕方で用いることもできると私は示唆してきた。分析的には、教育とは常に「新参者」の主体性に影響を与えるということが議論されうる一方で、教育は常にまたそれが「新参者」の主体性に影響を与える仕方にも取り組むべきであり、そして教育は、単に「新参者」を現存する秩序に挿入するのではないような主体になる方法に究極的に貢献しうる仕方でそうすべきだと、より強く論証してきた。これは、教育とは常に自由への方向づけを伴うべきであるという慎重な――そしておそらくやや込み入った――言い方である。

特に第4章で――また第5章と第6章でも――我々が自由を主権として、つまり、ただしたいことをする自由と考えるべきではないということを私は主張しようとしてきた。むしろ私は、自由が次のように、「難しい」概念であるという立場を取ってきた。すなわち、行為する私の自由、すなわち私の始まりを世界に持ち込む私の自由は、他者たちがイニシアチブをとる自由、すなわち他者たちが同様に彼らの始まりを世界に持ち込む自由と常に結びついており、したがって、我々が行為することの「唯一の主人」でありつづけることの不可能性が（Arendt 1958, p.244〔三八一頁〕）、まさに我々の始まりが世界へ参入する際の条件なのだ、という考えである。だから、「主体化」という概念が「個人化」のような概念よりも相応しいのだ。というのも、それは、我々が、我々自身の始まりの主体であるということだけでなく、他者たちがこれらの始まりに応じるかどうかに、いかに依存しているかということも表しているからである。したがって「主体化」は、主体であることと主体になることがまったく相関的であり、そしてまた私が主張してきたように、まさに倫理的でありまさに政治的であるということを明確にする。これはまた主体化がなぜ単に人のアイデンティティを表現するだけではない――彼/彼女の独自のアイデンティティですらない――のかを説明する。なぜなら、独自性は差異という観点からではなく、私と同じようではない他者との私の倫理的かつ政治的な関係性における交換不可能性という観点で理解されるべきであるからだ。自由という考えを教育という概念に結びつけることによって、私は、そのルーツを啓蒙に持つ特定の教育的、政治的伝統のなかに自らを明確に位置づける。啓蒙的伝統に関する私の「課題」は、その野心に関連しているのではなく、伝統的に啓蒙を引き起こすために用いられてきた近代的手段と関連している(Biesta 2005を参照)。私は、これらの手段を問題含みであると主張してきた――そして先行する章の中で基本的な、そして基本的に理性的な人間の本性という考えは問題の一部と見なされるべきだと私は特に主張してきた――が、他方で、ミシェル・フーコーが「自由の無限定な作業」としてきわめて適切に述べてきたこと(1984 p.46〔二〇頁〕)への方向づけを手放したくはない。

教育が自由という問いに関して演じるべき役割を持つだけではなく、実際に教育と自由の間に本質的な関係性が存在するということを示唆することは、我々が教育を科学と自由の実践と見なす程度に応じて、間違いなく意欲をかきたてる考えである。私は、しかしながら、それは日常的に教育に携わっている人々の自らの仕事の自己認識とは異なっていると考えているわけではないと言いたい。結局、教師たちは自分の生徒たちが教師たちのインプットと努力に依存したままであることを決して目指してはおらず、教育が、少なくともその意図においては、もっぱら資格化に焦点化されている時でさえも――あるいはたぶん、特に、といってもよいが――教師たちは、自分の生徒たちを独立と解放へと向かわせる志向を常に持っている。したがって、私がこの本で示してきたように、決定的な問いは、どのようにして教育それ自体の中にある自由への方向づけが明確化され、正当化され、「実践され」うるのかについてであるが、教育がその方向づけを持つことは難しすぎるというわけではない。この問いへの取り組みは、おそらく我々が学習の終わりと教育の始まりに出会う地点である。

Education Policy and Practice 18, no. 4: 347–365.

Slavin, R. 2002. "Evidence-Based Educational Policies: Transforming Educational Practice and Research." *Educational Researcher* 31, no. 7: 15–21.

———. 2004. "Education Research Can and Must Address 'What Works' Questions." *Educational Researcher* 33, no. 1: 27–28.

St. Pierre, E. A. 2002. " 'Science' Rejects Postmodernism." *Educational Researcher* 31, no. 8: 25–27.

Thomas, G., and R. Pring, eds. 2004. *Evidence-Based Policy and Practice*. Milton Keynes, UK: Open University Press.

Tomlinson, S. 1997. "Sociological Perspectives on Failing Schools." *International Studies in Sociology of Education* 7, no. 1: 81–98.

Tooley, J., and D. Darby. 1998. *Educational Research*: An OFSTED Critique. London: OFSTED.

Townsend, T. 2001. "Satan or Savior? An Analysis of Two Decades of School Effectiveness Research." *School Effectiveness and School Improvement* 12, no. 1: 115–130.

Townsend, T., ed. 2007. *International Handbook of School Effectiveness and School Improvement*. Dordrecht, the Netherlands: Springer.

Usher, R. 2006. "Lyotard's Performance." *Studies in Philosophy and Education* 25, no. 4: 279–288.

Usher, R., and R. Edwards. 1994. *Postmodernism and Education*. London: Routledge.

Valero, P., and R. Zevenbergen, eds. 2004. *Researching the Socio- Political Dimensions of Mathematics Education*. Dordrecht, the Netherlands: Kluwer.

Vanderstraeten, R., and G. J. J. Biesta. 2001. "How Is Education Possible?" *Educational Philosophy and Theory* 33, no. 1: 7–21.

Warren, Mark. 1992. "Democratic Theory and Self-Transformation." *American Political Science Review* 86, no. 1: 8–23.

Westheimer, J., and J. Kahne. 2004. "What Kind of Citizen? The Politics of Educating for Democracy." *American Educational Research Journal* 41, no. 2: 237–269.

Willinsky, J. 2001. "Education and Democracy: The Missing Link May Be Ours." *Harvard Educational Review* 72, no. 3: 367–392.

Winch, Christopher. 2005. *Education, Autonomy, and Critical Thinking*. London: Routledge.

Young, I. M. 2000. *Inclusion and Democracy*. Oxford: Oxford University Press.

Power, M. 1994. *The Audit Explosion*. London: Demos.
———. 1997. *The Audit Society: Rituals of Verification*. Oxford: Oxford University Press.
Pring, R. 2000. *Philosophy of Educational Research*. London: Continuum.
Rancière, J. 1991. *The Ignorant Schoolmaster: Five Lessons in Intellectual Emancipation*. Stanford, CA: Stanford University Press.（『無知な教師　知性の解放について』梶田裕・堀容子訳、法政大学出版局、2011）
———. 1995a. *La Mésentente*. Paris: Gallilée.（『不和あるいは了解なき了解　政治の哲学は可能か』松葉祥一・大森秀臣・藤江成夫訳、インスクリプト、2004）
———. 1995b. *On the Shores of Politics*. London: Verso.
———. 1999. *Dis-Agreement: Politics and Philosophy*. Minneapolis: University of Minnesota Press.
Ridgway, J., J. S. Zawojewski, and M. N. Hoover. 2000. "Problematising Evidence-Based Policy and Practice." *Evaluation and Research in Education* 14, nos. 3–4: 181–192.
Ross, K. 1991. "Translator's Introduction." In J. Rancière, *The Ignorant Schoolmaster: Five Lessons in Intellectual Emancipation*, vii–xxiii. Stanford, CA: Stanford University Press.
Rutter, M., and B. Maughan. 2002. "School Effectiveness Findings, 1979–2002." *Journal of School Psychology* 40, no. 6: 451–475.
Sackett, D. L., W. S. Richardson, W. M. C. Rosenberg, and R. B. Haynes. 1997. *Evidence-Based Medicine: How to Practice and Teach EBM?* London: Churchill Livingstone.
Sackett, D. L., W. Rosenberg, J. M. Gray, R. B. Haynes, and W. S. Richardson. 1996. "Evidence-Based Medicine: What It Is and What It Isn't." *British Medical Journal* 312: 71–72.
Sanderson, I. 2003. "Is It 'What Works' That Matters? Evaluation and Evidence-Based Policy Making." *Research Papers in Education* 18, no. 4: 331–347.
Schwandt, T., and P. Dahler-Larsen. 2006. "When Evaluation Meets the 'Rough Ground' in Communities." *Evaluation* 12, no. 4: 496–505.
Siegel, H. 2004. "High-Stakes Testing, Educational Aims and Ideals, and Responsible Assessment." *Theory and Research in Education* 2, no. 2: 219–233.
Simons, H. 2003. "Evidence-Based Practice: Panacea or Over- Promise?" *Research Papers in Education* 18, no. 4: 303–311.
Simons, H., S. Kushner, K. Jones, and D. James. 2003. "From Evidence-Based Practice to Practice-Based Evidence: The Idea of Situated Generalization." *Research Papers in*

nal%20170602.pdf.

Oakley, A. 2002. "Social Science and Evidence-Based Everything: The Case of Education." *Educational Review* 54, no. 3: 277–286.

Oelkers, J. 2000. "Democracy and Education: About the Future of a Problem." *Studies in Philosophy and Education* 19, no. 1: 3–19.

———. 2005. "Pragmatismus und Pädagogik: Zur Geschichte der demokratischen Erziehungstheorie." In F. Busch and H.-J.Wätjen, eds., *Erziehen—Lehren—Lernen: Zu Kontinuitäten, Brüchen, und Neuorientierungen im pädagogischen Denken*, 7–50. Oldenburg: Oldenburger Universitätsreden.

Oliver, M., and G. Conole. 2003. "Evidence-Based Practice and E-Learning in Higher Education: Can We and Should We?" *Research Papers in Education* 18, no. 4: 385–397.

Olson, D. 2004. "The Triumph of Hope over Experience in the Search for 'What Works': A Response to Slavin." *Educational Researcher* 33, no. 1: 24–26.

Olssen, M. 1996. "In Defense of the Welfare State and of Publicly Provided Education." *Journal of Education Policy* 11.

O'Neill, O. 2002. "BBC Reith Lectures 2002: A Question of Trust." http://www.bbc.co.uk/radio4/reith2002.

Osberg, D. C., and G. Biesta. Forthcoming. "The End/s of School: Complexity and the Conundrum of the Inclusive Educational Curriculum." *International Journal of Inclusive Education.*

Pattie, C., P. Seyd, and P. Whiteley. 2004. *Citizenship in Britain: Values, Participation, and Democracy*. Cambridge: Cambridge University Press.

Peters, R. S. 1966. *Ethics and Education.* London: Allen and Unwin.

Peters, R. S., ed. 1976. *The Concept of Education.* London: Routledge and Kegan Paul.

Pirrie, A. 2001. "Evidence-Based Practice in Education: The Best Medicine?" *British Journal of Educational Studies* 49, no. 2: 124–136.

Pirrie, A., and K. Lowden. 2004. "The Magic Mirror: An Inquiry into the Purposes of Education." *Journal of Education Policy* 19, no. 4: 515–528.

Poulson, L. 1996. "Accountability: A Key Word in the Discourse of Educational Reform." *Journal of Education Policy* 11, no. 5: 579–592.

———. 1998. "Accountability, Teacher Professionalism, and Education Reform in England." *Teacher Development* 2, no. 3: 419–432.

Laverty, M. 2009. "A Review of Gert Biesta, *Beyond Learning: Democratic Education for a Human Future.*" *Studies in Philosophy and Education* 28, no. 5: 569–576.

Levinas, E. 1981. Otherwise *Than Being or Beyond Essence.* The Hague: Martinus Nijhoff.（『存在の彼方へ』合田正人訳、講談社学術文庫、1999）

———. 1985. *Ethics and Infinity.* Pittsburgh, PA: Duquesne University Press.（『倫理と無限』原田佳彦訳、朝日出版社、1985／西山雄二訳、ちくま学芸文庫、2010）

———. 1990. *Difficult Freedom: Essays on Judaism.* Baltimore: Johns Hopkins University Press.（『困難な自由』合田正人、三浦直希訳、法政大学出版局、2008）

Lingis, A. 1994. *The Community of Those Who Have Nothing in Common.* Bloomington: Indiana University Press.（『何も共有していない者たちの共同体』野谷啓二訳、洛北出版、2006）

Luyten, H., A. Visscher, and B. Witziers. 2005. "School Effectiveness Research: From a Review of the Criticism to Recommendations for Further Development." *School Effectiveness and School Improvement* 16, no. 3: 249–279.

Marquand, D. 2004. *Decline of the Public.* Cambridge: Polity.

Masschelein, J., and M. Simons. 2004. *Globale immuniteit (Global Immunity).* Leuven: Acco.

Mills, C. Wright. 1959. *The Sociological Imagination.* New York: Oxford University Press.（『社会学的想像力』鈴木広訳、紀伊國屋書店、1966、［新装版］1995）

Mollenhauer, K. 1964. *Erziehung und Emanzipation.* Weinheim, Germany: Juventa.

Mosteller, F., and R. Boruch, eds. 2002. *Evidence Matters: Randomized Trials in Education Research.* Washington, DC: Brookings Institution.

Mouffe, C. 1993. *The Return of the Political.* London: Verso.（『政治的なるものの再興』千葉眞・土井美徳・田中智彦・山田竜作訳、日本経済評論社、1998）

———. 2000. *The Democratic Paradox.* London: Verso.

National Research Council (NRC). 2002. *Scientific Research in Education.* Washington, DC: National Academy Press.

Nicolaidou, M., and M. Ainscow. 2005. "Understanding Failing Schools: Perspectives from the Inside." *School Effectiveness and School Improvement* 16, no. 3: 229–248.

Nutley, S., H. Davies, and I. Walter. 2003. "Evidence-Based Policy and Practice: Cross-Sector Lessons from the UK." Keynote paper for the Social Policy Research and Evaluation Conference, July 2–3, Wellington, New Zealand. Retrieved March 8, 2005, from www.st-andrews.ac.uk/~cppm/NZ%20conference% 20paper%20fi

Held, D. 1987. *Models of Democracy*. Cambridge: Polity.（『民主制の諸類型』中谷義和訳、御茶の水書房、1998）

Henry, G. T. 2002. "Choosing Criteria to Judge Program Success: A Values Inquiry." *Evaluation* 8, no. 2: 182–204.

Hess, F. M. 2006. "Accountability without Angst? Public Opinion and No Child Left Behind." *Harvard Educational Review* 76, no. 4: 587–610.

Hickman, L. 1990. *John Dewey's Pragmatic Technology*. Bloomington: Indiana University Press.

Hillage Report 1998. *Excellence in Research on Schools*. Sussex, UK: University of Sussex Institute for Employment Studies.

Hoagwood, K., and J. Johnson. 2003. "School Psychology: A Public Health Framework—I. From Evidence-Based Practices to Evidence- Based Policies." *Journal of School Psychology* 41, no. 1: 3–21.

Honig, B. 1993. *Political Theory and the Displacement of Politics*. Ithaca, NY: Cornell University Press.

Hostetler, K. 2005. "What Is 'Good' Education Research?" *EducationalResearcher* 34, no. 6: 16–21.

House, E. R., and K. R. Howe. 1999. *Values in Evaluation and Social Research*. Thousand Oaks, CA: Sage.

Hughes, M., F. Wikely, and T. Nash. 1994. *Parents and Their Children's Schools*. Oxford: Blackwell.

Kant, I. 1982. "Über Pädagogik." In I. Kant, *Schiften zur Anthropologie, Geschichts-philosophie, Politik, und Pädagogik*, 695–761. Frankfurt am Main, Germany: Verlag.（『教育学講義』勝田守一・伊勢田耀子訳、明治図書、1971）

———. 1992 [1784]. "An Answer to the Question 'What Is Enlightenment?' " In P. Waugh, ed., *Postmodernism: A Reader,* 89–95. London: Edward Arnold.（『啓蒙とは何か』[改訳]、篠田英雄訳、岩波文庫、1974／中山元訳、光文社古典新訳文庫、2006）

Kerr, D. 2005. "Citizenship Education in England: Listening to Young People—New Insights from the Citizenship Education Longitudinal Study." *International Journal of Citizenship and Teacher Education* 1, no. 1: 74–96.

Lagemann, E. 2000. *An Elusive Science: The Troubling History of Educational Research*. Chicago: University of Chicago Press.

———. 1970. *The Order of Things: An Archaeology of the Human Sciences*. New York: Random House.（『言葉と物』渡辺一民・佐々木明訳、新潮社、1974）

Fox, M. 2003. "Opening Pandora's Box: Evidence-Based Practice for Educational Psychologists." *Educational Psychology in Practice* 19, no. 2: 91–102.

Freire, P. 1970. *Pedagogy of the Oppressed*. New York: Continuum.（『被抑圧者の教育学』小沢有作、楠原彰、柿沼秀雄、伊藤周訳、亜紀書房、1979。『新訳被抑圧者の教育学』三砂ちづる訳、亜紀書房、2011）

Gewirtz, S. 2002. *The Managerial School: Post-Welfarism and Social Justice in Education*. London: Routledge.

Giroux, H. A. 1981. *Ideology, Culture, and the Process of Schooling*. Philadelphia, PA: Temple University Press.

Granger, D. 2008. "No Child Left Behind and the Spectacle of Failing Schools: The Mythology of Contemporary School Reform." *Educational Studies* 43, no. 3: 206–228.

Gray, J. 2004. "School Effectiveness and the 'Other Outcomes' of Secondary Schooling: A Reassessment of Three Decades of British Research." *Improving Schools* 7, no. 2: 185–198.

Gutmann, Amy. 1993. "Democracy." In R. Goodin and P. Pettit, eds., *A Companion to Contemporary Political Philosophy*, 411–421.Oxford: Blackwell.

Hammersley, M. 1997. "Educational Research and a Response to David Hargreaves." *British Educational Research Journal* 23, no. 2: 141–161.

———. 2000. "Some Questions about Evidence-Based Practice in Education." Paper presented at the symposium on "Evidence- Based Practice in Education" at the annual Conference of the British Educational Research Association, September 13–15. Retrieved February 18, 2005, from http://www.leeds.ac.uk/educol/documents/00001819.htm.

———. 2001. "On 'Systematic' Reviews of Research Literatures: A 'Narrative' Response to Evans and Benefi eld." *British Educational Research Journal* 27, no. 5: 543–554.

Hargreaves, D. 1999. "Revitalising Educational Research: Lessons from the Past and Proposals for the Future." *Cambridge Journal of Education* 29, no. 2: 405–419.

Haugsbakk, G., and Y. Nordkvelle. 2007. "The Rhetoric of ICT and the New Language of Learning: A Critical Analysis of the Use of ICT in the Curricular Field." *European Educational Research Journal* 6, no. 1: 1–12.

と教育』河村望訳、人間の科学社、2000）

———. 1938. "Logic: The Theory of Inquiry." In Jo Ann Boydston, ed., *The Later Works (1925–1953)*, vol. 12. Carbondale: Southern Illinois University Press.（『行動の論理学——探求の理論』河村望訳、人間の科学新社、2013）

———. 1985 [1916]. "Democracy and Education." In Jo Ann Boydston, ed., *The Middle Works (1889–1924)*, vol. 9. Carbondale: Southern Illinois University Press.（『民主主義と教育（上）』松野安男訳、岩波文庫、1975）

Dryzek, John. 2000. *Deliberative Democracy and Beyond: Liberals, Critics, Contestations*. Oxford: Oxford University Press.

Eisenhart, M., and L. Towne. 2003. "Contestation and Change in National Policy on 'Scientifi cally Based' Education Research." *Educational Researcher* 32, no. 7: 31–38.

Elliott, J. 2001. "Making Evidence-Based Practice Educational." *British Educational Research Journal* 27, no. 5: 555–574.

Elster, Jon, ed. 1998. *Deliberative Democracy.* Cambridge: Cambridge University Press.

Epstein, D. 1993. "Defi ning Accountability in Education." *British Educational Research Journal* 19, no. 3: 243–257.

Eraut, M. 2003. "Practice-Based Evidence." In G. Thomas and R. Pring, eds., *Evidence-Based Policy and Practice*. Milton Keynes, UK: Open University Press.

Erickson, F., and K. Gutierrez. 2002. "Culture, Rigor, and Science in Educational Research." *Educational Researcher* 31, no. 8: 21–24.

Evans, J., and P. Benefi eld. 2001. "Systematic Reviews of Educational Research: Does the Medical Model Fit?" *British Educational Research Journal* 27, no. 5: 527–541.

Faulks, K. 1998. *Citizenship in Modern Britain*. Edinburgh, UK: Edinburgh University Press.

Feuer, M., L. Towne, and R. Shavelson. 2002. "Scientific Culture and Educational Research." *Educational Researcher* 31, no. 8: 4–14.

Field, J. 2000. *Lifelong Learning and the New Educational Order*. Stoke on Trent, UK: Trentham.

Fischman, W., J. A. DiBara, and H. Gardner. 2006. "Creating Good Education against the Odds." *Cambridge Journal of Education* 36, no. 3: 383–398.

Foucault, M. 1984. "What Is Enlightenment?" In P. Rabinow, ed., *The Foucault Reader*, 32–50. New York: Pantheon.（「啓蒙とは何か」『ミシェル・フーコー思想集成X　倫理／道徳／啓蒙』筑摩書房、2002）

———. 2002. "Audit, Accountability, Quality, and All That: The Growth of Managerial Technologies in UK Universities." In S. Prickett and P. Erskine-Hill, eds., *Education! Education! Education! Managerial Ethics and the Law of Unintended Consequences*. Exeter: Imprint Academic.

Cutspec, P. A. 2004. "Bridging the Research-to-Practice Gap: Evidence-Based Education." *Centerscope: Evidence-Based Approaches to Early Childhood Development* 2, no. 2: 1–8.

Davies, B. 2003. "Death to Critique and Dissent? The Policies and Practices of New Managerialism and of 'Evidence-Based' Practice." *Gender and Education* 15, no. 1: 91–103.

Davies, P. 1999. "What Is Evidence-Based Education?" *British Journal of Educational Studies* 47, no. 2: 108–121.

Davies, T. O., S. M. Nutley, and P. C. Smith, eds. 2000. *What Works: Evidence-Based Policy and Practice in the Social Services*. Bristol, UK: Policy Press.

Davis, A., and J. White. 2001. "Accountability and School Inspection: In Defence of Audited Self-Review." *Journal of Philosophy of Education* 35, no. 4: 667–681.

Dearden, R. F., P. Hirst, and R. S. Peters, eds. 1972. *Education and the Development of Reason*. London: Routledge and Kegan Paul.

Derrida, Jacques. 1982. *Margins of Philosophy*. Chicago: Chicago University Press.（「人間の終わり＝目的」『哲学の余白』高橋允昭・藤本一勇訳、法政大学出版局、2007）

de Vries, G. H. 1990. *De ontwikkeling van wetenschap*. Groningen: Wolters Noordhoff.

Dewey, J. 1911. "Epistemology." In Jo Ann Boydston, ed., *The Middle Works* (1899–1924), vol. 6, 440–442. Carbondale: Southern Illinois University Press.

———. 1922. "Human Nature and Conduct." In Jo Ann Boydston, ed., *The Middle Works* (1899–1924), vol. 14. Carbondale: Southern Illinois University Press.（『デューイ＝ミード著作集 3　人間性と行為』河村望訳、人間の科学社、1995）

———. 1925. "Experience and Nature." In Jo Ann Boydston, ed., *The Later Works* (1925–1953), vol 1. Carbondale: Southern Illinois University Press.（『デューイ＝ミード著作集 4　経験と自然』河村望訳、人間の科学社、1997）

———. 1929. "The Sources of a Science of Education." In Jo Ann Boydston, ed., *The Later Works* (1925–1953), vol. 5, 218–235. Carbondale: Southern Illinois University Press.（「教育科学の本源」『デューイ＝ミード著作集 7　学校と社会・経験

Education and the Scottish Curriculum for Excellence." *Scottish Educational Review* 40, no. 2: 38–52.

———. 2008b. "A School for Citizens: Civic Learning and Democratic Action in the Learning Democracy." In B. Lingard, J. Nixon, and S. Ranson, eds., *Transforming Learning in Schools and Communities*, 170–183. London: Continuum.

———. 2009a. "What Kind of Citizenship for European Higher Education? Beyond the Competent Active Citizen." *European Educational Research Journal* 8, no. 2: 146–157.

———. 2009b. "Values and Ideals in Teachers' Professional Judgement." In S. Gewirtz, P. Mahony, I. Hextall, and A. Cribb, eds., *Changing Teacher Professionalism*, 184–193. London: Routledge.

———. Forthcoming [a]. "Learner, Student, Speaker: Why It Matters How We Call Those We Teach." *Educational Philosophy and Theory*.

———. Forthcoming [b]. "A New 'Logic' of Emancipation: The Methodology of Jacques Rancière." *Educational Theory*.

Biesta, G. J. J., and N. C. Burbules. 2003. *Pragmatism and Educational Research*. Lanham, MD: Rowman and Littlefi eld.

Bogotch, I., L. Mirón, and G. Biesta. 2007. " 'Effective for What; Effective for Whom?' Two Questions SESI Should Not Ignore." In T. Townsend, ed., *International Handbook of School Effectiveness and School Improvement*, 93–110. Dordrecht, the Netherlands: Springer.

Brighton, M. 2000. "Making Our Measurements Count." *Evaluation and Research in Education* 14, nos. 3–4: 124–135.

Burton, J. L., and J. C. Underwood. 2000. "Evidence-Based Learning: A Lack of Evidence." *Medical Teacher* 22, no. 2: 136–140.

Burton, M., and M. J. Chapman. 2004. "Problems of Evidence-Based Practice in Community-Based Services." *Journal of Learning Disabilities* 8, no. 1: 56–70.

Carr, D. 1992. "Practical Enquiry, Values, and the Problem of Educational Theory." *Oxford Review of Education* 18, no. 3: 241–251.

Carr, W., and A. Hartnett. 1996. *Education and the Struggle for Democracy: The Politics of Educational Ideas*. Buckingham, UK: Open University Press.

Charlton, B. G. 1999. "The Ideology of 'Accountability.' " *Journal of the Royal College of Physicians of London* 33: 33–35.

Berliner, D. C. 2002. "Educational Research: The Hardest Science of All." *Educational Researcher* 31, no. 8: 18–20.

Biesta, G. J. J. 2001. "'Preparing for the Incalculable': Deconstruction, Justice, and the Question of Education." In G. J. J. Biesta and D. Egéa-Kuehne, eds., *Derrida and Education*, 32–54. London: Routledge.

———. 2002. "How General Can Bildung Be? Refl ections on the Future of a Modern Educational Ideal." *British Journal of Philosophy of Education* 36, no. 3: 377–390.

———. 2004a. "Against Learning: Reclaiming a Language for Education in an Age of Learning." *Nordisk Pedagogik* 24, no. 1: 70–82.

———. 2004b. "'Mind the Gap!' Communication and the Educational Relation." In C. Bingham and A. Sidorkin, eds., *No Education without Relation*, 11–22. New York: Peter Lang.

———. 2004c. "Kunskapande som ett sätt att handla: John Dewey's transaktionella teori om kunskapande" ("Knowing as a Way of Doing: John Dewey's Transactional Theory of Knowing"). *Utbildning och Demokrati* 13, no. 1: 41–64.

———. 2005a. "George Herbert Mead and the Theory of Schooling." In D. Troehler and J. Oelkers, eds., *Pragmatism and Education*, 117–132. Rotterdam: Sense Publishers.

———. 2005b. "The Learning Democracy? Adult Learning and the Condition of Democratic Citizenship" (review article). *British Journal of Sociology of Education* 26, no. 5: 693–709.

———. 2005c. "What Can Critical Pedagogy Learn from Postmodernism? Further Refl ections on the Impossible Future of Critical Pedagogy." In I. Gur Ze'ev, ed., *Critical Theory and Critical Pedagogy Today: Toward a New Critical Language in Education*, 143–159. *Studies in Education*. Haifa: University of Haifa.

———. 2006a. *Beyond Learning: Democratic Education for a Human Future*. Boulder, CO: Paradigm Publishers.

———. 2006b. "What's the Point of Lifelong Learning If Lifelong Learning Has No Point? On the Democratic Defi cit of Policies for Lifelong Learning." *European Educational Research Journal* 5, nos. 3–4: 169–180.

———. 2007. "Education and the Democratic Person: Towards a Political Understanding of Democratic Education." *Teachers College Record* 109, no. 3: 740–769.

———. 2008a. "What Kind of Citizen? What Kind of Democracy? Citizenship

参考文献

Allan, J. 2003. "Daring to Think Otherwise? Educational Policymaking in the Scottish Parliament." *Journal of Education Policy* 18, no. 3: 289–301.

Apple, M. 1979. *Ideology and Curriculum*. Boston: Routledge and Kegan Paul.

———. 2000. "Can Critical Pedagogies Interrupt Rightist Policies?" *Educational Theory* 50, no. 2: 229–254.

Arendt, H. 1958. *The Human Condition*. Chicago: University of Chicago Press.（『人間の条件』志水速雄訳、ちくま学芸文庫、1994）

———. 1977. "What Is Freedom?" In H. Arendt, *Between Past and Future: Eight Exercises in Political Thought*, 143–171. Harmondsworth, UK: Penguin.（『過去と未来の間』引田隆也・斉藤純一訳、みすず書房、1994）

Aristotle. 1980. *The Nichomachean Ethics*. Translated with an introduction by David Ross. Revised by J. L. Ackrill and J. O. Urmson. Oxford: Oxford University Press.（『ニコマコス倫理学』高田三郎訳、岩波文庫、1971。西洋古典叢書『ニコマコス倫理学』朴一功訳、京都大学学術出版会、2002。内山勝利、神崎繁、中畑正志編『アリストテレス全集 15』岩波書店、2014）

Atkinson, E. 2000. "In Defence of Ideas, or Why 'What Works' Is Not Enough." *British Journal of Sociology of Education* 21, no. 3: 317–330.

Ball, S. J. 2003. "The Teacher's Soul and the Terrors of Performativity." *Journal of Education Policy* 18, no. 2: 215–228.

Bauman, Z. 1993. *Postmodern Ethics*. Oxford: Blackwell.

———. 1998. *Leven met veranderlijkheid, verscheidenheid en onzekerheid*. Amsterdam: Boom.

———. 2000. *Liquid Modernity*. Cambridge: Polity.（『リキッド・モダニティ　液状化する社会』森田典正訳、大月書店、2001）

Benhabib, S. 1996. "Toward a Deliberative Model of Democratic Legitimacy." In S. Benhabib, ed., *Democracy and Difference*, 67–94. Princeton, NJ: Princeton University Press.

Bennett, W. 1986. *What Works: Research about Teaching and Learning*. Washington, DC: U.S. Department of Education.

初出一覧

本書の執筆に当たって、私は以前に出版した資料を利用した。第1章は、スターリング大学で二〇〇九年三月に行なった「よい教育――それは何であり、なぜそれを必要とするのか」という就任講演と、「測定時代におけるよい教育」『教育的アセスメント、評価、説明責任 21』（No.1, 2009, pp.33-46）という論文に基づいている。第2章には、「『何が上手くいくのか』はなぜうまくいかないのか――エビデンスに基づいた実践と教育研究の民主主義的な欠陥」『教育理論 57』（No.1, 2007, pp.1-22）という論文から資料を利用した。第3章は、「教育、説明責任、倫理的要求――説明責任の民主的潜在可能性は回復されうるか?」『教育理論 54』（No.3, 2004, pp.233-250）という論文に基づいている。第4章は、「誰が教育を恐れているのか?」『東京大学　共生のための国際哲学交流センター紀要 10』（2007, pp.25-31）という論文と、私の近日発行の「中断の教育学において、何が問題になっているのか」T. E. Lewis, J. G. A. Grinberg, M. Laverty 編『概念との戯れ――教育の近現代の哲学』(Dubuque, IA: Kendall/Hunt）からの資料を含んでいる。第5章の一部は、「デューイ以降の民主的教育」R. Casale, R. Horlacher 編『陶冶と大衆』（Weinheim, Germany: Beltz, 2007, pp.78-92）として出版された。第6章の初期の版は、「『私を数に入れないで』――民主主義、教育、包摂の問題」『北欧教育学 27』（No.1, 2007, pp.18-31）に掲載されている。

訳者解説――ビースタを通して見る日本の教育風景

本書は、オランダ出身で、ヨーロッパ各地の大学で活躍する教育学者、ガート・ビースタの *Good Education in an Age of Measurement: Ethics, Politics, Democracy,* Paradigm Publishers (2010) の全訳である。原題の主タイトルは直訳すれば『測定時代のよい教育』となるが、内容にかんがみて『よい教育とはなにか』とした。翻訳は藤井と玉木が共同で行ない、最終的に藤井の責任で表現を調整した。本書は、教育という不思議な現象を理解する上で重要だと本人が挙げている三つの著書（*Beyond Learning* (2008). / *Good Education in an Age of Measurement.* (2010)/ *The Beautiful Risk of Education.* (2014)）のちょうど中間のものである。ビースタの邦訳はすでに『民主主義を学習する――教育・生涯学習・シティズンシップ』（上野正道・藤井佳代・中村清二訳、勁草書房、二〇一四）があり、他の著書の邦訳計画も進行中と聞く。日本の教育界では、ちょっとしたビースタ・ブームと言ってよいのかもしれない。

第1章でビースタが指摘するように、国際学力テストで各国の順位が公表されるたびに、教育担当省庁やマスメディアが大騒ぎし、より上位を目指した対策に集中するようになり、学校では笑えない狂想曲が繰り広げられる。[1] 点数や順位という明白な数字で表れるので、上がれば「よい」と考えられがちだが、数値の上昇が教育的に望ましい保証はどこにもない。我が国の全国学力テストは、「測れないもの」を除外している点で最初から一面的であるし、[2] 国語と算数・数学しか実施されないので（二〇二二年度は理科も実施）、仮に学力テストが価値あるものを計測しているとしても、他の教科で学ぶ内容（たとえば芸術教科における感性等）の価値は等閑に付されている。にもかかわらず、恣意的で限定的なテスト結果に振り回され、その向上こそ「よい」と思い込まれているのだ。ビースタは、資格化、社会化、主体化という教育の三つ機能を提示することで、何にとって「よい」のかを考えるツールを我々に提供してくれている。

第2章でビースタは、近年、我が国の教育学研究でも強調されるようになってきた「エビデンスに基づいた」研究や実践に、デューイの認識論を援用して異議を唱える。教師の仕事は、ベルトコンベアで運ばれてくる生徒に、知識や技能といった部品を付け加えて右から左に送るような外在的・操作的・反復的なものではない。教師は、教育的に効果があったというエビデンスが示された教育学的な手法を用いながら生徒に働きかけるが、各生徒からの反応は一様ではなく、思わぬ反応を引き起こすかもしれない。それに応じて教師は絶えず軌道修正をしていく。このとき、教師は実践の始点と終点で別人になっていることへの留意が必要だ。教師は予め与えられた手法の価値／無価値、意味／無意味を実践を通して感知していくので、教師の中での手法の価値は変動する。また、教師は生徒との相互作用のなかで実践しているので、教師からの生徒の見え方も、生徒からの教師の見え方も変化していき、両者の相互関係そのものが変わっていく。同じ手法を用いても、それが用いられる関係が変われば、その効果も当然変わってくるはずだ。このように教師の仕事はプロセス内在的である。教育学研究は、エビデンスの解明にのみ焦点を当てるのではなく、教育実践者の柔軟な対応についての様態や正当性を明らかにしなければならない。ビースタが「正統的周辺参加論」(3)に言及しているのは、こうした事情によるだろう。また、エビデンス重視の教育学を戯画的にたとえるなら、「男は男らしく、女は女らしく育てる」のに効果的な方法についてのエビデンスは蓄積されるが、「男は男らしく、女は女らしく育てる」ことの正当性は問われない。ビースタは、目的を問う文化批判的な役割も教育学研究の重要な部分であることを強調する。このことは、現代日本の高等教育政策における人文学・社会科学の軽視、実用主義の重視がもつ問題性をうまく説明してくれるだろう。

次に、ビースタは、社会化という枠組みの不十分さを問い、主体化の教育へと向かっていく。

第3章では、学校と子ども・保護者間の説明責任という関係性が、政治的なものから経済的なものへと置き換わってきたことによって保護者も学校も「よい」教育をめぐる議論から締め出されており、市民のミドルクラスの不安がそれを支えている姿が描き出される。そして、この状況にバウマンの応答責任の道徳論を対置する。本書で参照されているバウマンの議論の背景には、社会化や社会性といったモダニティの論理こそがホロコースト(4)を可能ならしめたのであり、ホロコースト阻止の鍵は応答責任にある、という理解があることを念頭に置いて読めば、教育の目的が社会化では不十分だということがいっそう容易に理解できるだろう。

第4章では、ビースタは主体性に向かう教育について論じる。ここでは、人間（性）を本質主義的に想定し、そこに向けて行なわれる教育が、結局は社会化に陥ることを論証しながら、世界に常に新たなものを持ち込むユニークな行為主体への教育を対置する。現在、日本各地の学校で、子どもたちは、「○○力」、「大きな声と笑顔で挨拶ができる」等々のスペックを持った規格品へと製造されていく原料とみなされているように見える。そして、教師には、そのような「よい規格品」を製造するのに効率的だとされるエビデンスに基づいた（場合によっては、エビデンスとは無関係な思い込みで）「スタンダード」化された教育方法を一律強制される傾向が強まっている。教室環境は画一化され、板書の仕方も統一され、子どもの行為行動は校則とゼロトレランスで規範化される。子どもが学習内容に理解しがたさを感じているときに、教師は、学力テストの平均点を気にしながら、ひたすら解き方を教え込み反復練習させ、生活背景が原因で自暴自棄になっている子どもに対しても、校則とセットになった罰則に基づいて機械的に懲戒する。教師が子どもに向かうとき、すでに誰かによって決められた何かを遂行する機械として子どもに応対するようになっているのだ。そこでは教師は自分の独自の顔＝表情を子どもに暴露しないし、子どもたち一人ひとりの独自の顔＝表情も読み取らない。教師が子どもから読み取るのは、作りあげるべき製品モデルからの距離だけだ。このような教師に対して、子どもたちも表情＝顔は見せないだろう。また、子どもたちは教師に人間の表情＝顔を読み取らず、教師という役割の仮面しか見ないだろう。教師が子どもをモノとしてしか見ないとき教師も子どももからモノとしてしか見られない。そこには〈私〉である教師の判断は存在しないし、〈私〉である子どもも存在しない。混雑した駅で、見知らぬ者同士が無表情にすれ違うように教師と子どもはすれ違う。このなかでいったい教育は成立するのか、あるいは、成立したとすれば、それはどんな種類の教育なのだろうか。子どもを詰め込んだ学校という列車の輸送先はいったいどこなのか。ホロコーストという事件とどれだけの距離を保っているのだろうか。

第5章と第6章では、ビースタは、主体化の教育のための議論を展開する。第5章では教育内容をどう決定するのかという問題を扱っている。第5章でビースタは、エルカースの理論を批判的に考察することで、教育内容の民主主義的な決定とは何かという議論を深めている。エルカースは、消費主義が浸透したなかで保護者や子どもの要求に応えることがカリキュラムの断片化を招くことを懸念し、一般的カリキュラムを擁護する。その上で、学校で提供する標準を個人の経験に変換させることで主体化を確保しようとする。これに対して、ビースタは、集約的モデルと熟議的モデル、特定主義と民主主義を区別することで、消費者の私的な利益に基づく教育要求の多数決としての教育内容決定ではなく、どの要求や提案が最善なのかという観点から熟議的に決定していく民主主義の可能性について提案する。我が国では二〇一四年に、社会科の教科書検定基準に新たに政府の統一見解を記述することなどが加えられ、翌年からその規準のもとに、検定が開始された。政府とは選挙という多数決原理の結果であり、典型的な集約的モデルである。だから政府による教育内容の決定は、何が最善かを議論した結果ではなく、特定の利益を代表している。このような特定主義的な決定を超えて、多様な教育要求に基づきながら熟議を生みだし、教育内容を民主主義的に決定していくことが民主的教育の課題であることをビースタは示している。

第6章では、包摂と排除の問題を検討し、包摂の範囲を広げていけば最終的に民主主義の状態が完成するという考えを乗り越えようとしている。その導きの糸は、ランシエールによるポリス（秩序）とポリティクス（政治）の概念区分である。社会には、さまざまな法律や制度が存在し、人々はそのなかで一定の地位や役割を割り当てられ、分け前を得て秩序を形成している。しかし、それはあくまで暫定的な秩序であり、完全な平等は存在しない。だから誰かが何らかの立場で平等を求めて既存の秩序を中断させようとする。その中断を通じてポリスはより民主的なものに変形されていくのであり、このプロセスは永遠に続く。日本では、二〇一一年以降、原発事故、特定秘密保護法、安保法制をめぐる大規模なデモが続いている。それに対して、「選挙を通じて選ばれた議員による国会での決定が民主主義であり、デモは民主主義でない」とまことしやかに語られる。しかし、これは民主主義が常に未完であり、現在の秩序はその暫定状況であるということを忘れた議論だろう。一八歳選挙権をめぐって、高校生を「政治的中立」というポリス的秩序に包摂・回収しようとする教育政策が強まるなかで、声をあげ始めている高校生に対して、教育者は何をなすべきか。ビースタなら何と言うだろうか。

なお、本書を訳出するにあたって、愛知教育大学の松原信継先生に、アメリカの教育法に関してご教示いただいた。竹内常一先生には、出版に向けてさまざまなアドバイスを頂いた。この場を借りて心より御礼申し上げたい。

また、白澤社編集部には、作業の遅れがちな我々を叱咤激励していただいたのみならず、訳文への率直な疑問を投げかけていただいた。御礼申し上げたい。

とはいえ、翻訳の不十分なところは、すべて訳者の力不足によるところである。読者の皆様からのご意見やご批判で、ビースタ氏の提案を日本の教育のなかで深めることができれば幸甚である。

二〇一五年初冬

藤井啓之

〈注〉

（1）塩崎義明編著『学校珍百景2』学事出版、二〇一五、［緊急提言］学力向上？珍百景編を参照。
（2）子安潤『反・教育入門　改訂版』白澤社、二〇〇九、七二頁以下参照。
（3）ジーン・レイヴ、エティエンヌ・ウェンガー『状況に埋め込まれた学習』、佐伯胖訳、産業図書、一九九三。
（4）ジークムント・バウマン『近代とホロコースト』、森田典正訳、大月書店、二〇〇六。

《著者紹介》

ガート・ビースタ（Gert J. J. BIESTA）

1957年、オランダ生まれ。ライデン大学で学位取得後、イギリス・スターリング大学ほか、オランダ、ルクセンブルク、ノルウェー等多くの国で教授、客員教授を歴任し、現在、ロンドン・ブルネル大学教育学部教授。主著にBeyond Learning（Paradigm Publishers）、共編著にThe Philosophy of Education（同）などがある。邦訳された著書に『民主主義を学習する——教育・生涯学習・シティズンシップ』（上野正道、藤井佳世、中村（新井）清二訳、勁草書房、2014）、『教えることの再発見』（上野正道 監訳、東京大学出版会、2018）、『教育の美しい危うさ』（田中智志／小玉重夫 監訳、同、2021）、『学習を超えて——人間的未来へのデモクラティックな教育』（田中智志／小玉重夫 監訳、同、2021）、『教育にこだわるということ——学校と社会をつなぎ直す』（上野正道 監訳、同、2021）がある。

《訳者紹介》

藤井啓之（ふじい ひろゆき）

1964年生。広島大学大学院博士課程後期単位取得退学。修士（教育学）。愛知教育大学勤務を経て、現在、日本福祉大学教授。専門は、教育方法学（生活指導論、道徳教育論、ドイツの暴力防止教育など）。著書に『新しい時代の生活指導』（共著、有斐閣）、『2008年版　学習指導要領を読む視点』（共著、白澤社）、『学びのディスコース』『PISA後のドイツにおける学力向上政策と教育方法改革』（ともに共著、八千代出版）等。

玉木博章（たまき ひろあき）

1983年生。愛知教育大学大学院修士課程修了。修士（教育学）。中学・高校での勤務を経て、現在、中京大学、愛知県立総合看護専門学校ほか非常勤講師。専門は、生活指導論、若者文化論など。著書に『部活動改革2.0 文化部活動のあり方を問う』（共著、中村堂）、論文に「シティズンシップ教育とキャリア教育の連関に関する一考察：G. ビースタの理論に基づいた主体的シティズンシップのために」（『シティズンシップ教育研究第1号』所収）、「せつなに蝕まれる子ども達：若者文化の教材化を通じて」（『生活指導No.695』明治図書、所収）等。

よい教育《きょういく》とはなにか――倫理《りんり》・政治《せいじ》・民主主義《みんしゅしゅぎ》

2016年 1 月15日　第一版第一刷発行
2025年 5 月 7 日　第一版第六刷発行

著　者　ガート・ビースタ

訳　者　藤井啓之・玉木博章

発　行　有限会社 白澤社《はくたくしゃ》

〒112-0014　東京都文京区関口 1-29-6　松崎ビル 2F
電話 03-5155-2615／FAX 03-5155-2616／E-mail : hakutaku@nifty.com
https://hakutakusha.co.jp/

発　売　株式会社 現代書館

〒102-0072　東京都千代田区飯田橋 3-2-5
電話 03-3221-1321㈹／FAX 03-3262-5906

装　幀　装丁屋 KICHIBE

印刷・用紙　モリモト印刷株式会社

用　紙　株式会社市瀬

製　本　鶴亀製本株式会社

 ISBN978-4-7684-7960-5